Presentations to Go

—Building Presentation Skills for Your Future Career—

Noboru Matsuoka
Takashi Tachino
Hiroko Miyake

CENGAGE
Learning·

Presentations to Go—Building Presentation Skills for Your Future Career [Text Only]
Noboru Matsuoka, Takashi Tachino, Hiroko Miyake
© 2014 Noboru Matsuoka, Takashi Tachino, Hiroko Miyake

Photo Credits:
p.1 © iStockphoto / p.39 © iStockphoto; © Aflo; © The Yomiuri Shimbun /p.45 (slide 17) © Aflo; (slide 20) © iStockphoto / p.46 (slide 22) © iStockphoto / p.67 © HATO BUS CO., LTD / p.69 (slides 1, 2) © HATO BUS CO., LTD / p.70 (slide 4) © Kunihiko Nishino / p.73 (slide 15) © HATO BUS CO., LTD / p.75 (slide 20) © HATO BUS CO., LTD / p.91 © iStockphoto / p.107 © iStockphoto / p.113 © The Yomiuri Shimbun / p.137 © iStockphoto / p.140 (slide 6) © Saitama Prefectural Government Office

Every effort has been made to trace all sources of photos/illustrations in this book, but if any have been inadvertently overlooked, the publisher will be pleased to make the necessary arrangements at the first opportunity.

For permission to use material from this textbook or product, e-mail to **eltjapan@cengage.com**

ISBN: 978-4-86312-410-3

Cengage Learning K.K.
No. 2 Funato Building 5th Floor
1-11-11 Kudankita, Chiyoda-ku
Tokyo 102-0073
Japan
Tel: 03-3511-4392
Fax: 03-3511-4391

はじめに

「世界でモノを言う日本人」育成のために

　社会のグローバル化に伴い、私たち日本人が英語でプレゼンテーションをする機会が増えてきました。今や、海外へ出向いて、あるいは海外からクライアントを迎えて会議をするに留まらず、日本国内に居ながらにして、外国人の社員とミーティングを持ち、あるいは、テレビ会議システムを使い海外とやりとりをする機会が、ここ数年で急激に増加しています。企業やさまざまな機関にとって、仕事で英語が使える人材、とりわけ、英語でプレゼンテーションができる人材を育成し、確保することが緊急の課題となっています。

　こうしたグローバル社会のニーズに応えて開発したのが、この *Presentations to Go* です。大学に 4 年間在学する中で、英語を単に「読む、書く、聞く、話す」技術として磨くに留まらず、英語で考えをまとめ、それを発表するプレゼンテーション技術を育成するのが本書の目的です。本書は、基本的に、中学、高校で英語教育を受けてきた学生なら、誰にでも有効に活用できる教材です。今まで蓄積してきた英語をベースに、プロジェクトを経験しながら、提案や説得ができる、あるいは、効果的に情報伝達ができる英語力を養いつつ、プレゼンテーションの技術を身に付けていきます。数多くこなし、やりながら少しずつ慣れ、慣れながら英語力もプレゼンテーションの技術も徐々にアップさせていく方式で学習を進めます。

　皆さんは、「一流の技術に三流の営業」という言葉を聞いたことがあるでしょうか。日本企業がグローバル・ビジネスの世界で、よくこのように揶揄されます。何事にも遠慮がちな日本人は、発言も控え目です。それはそれで日本社会の中で美徳としつつ、一方のグローバル社会では、「毅然として発言する」日本人が必要です。英語プレゼンテーションの習得は、皆さんが「グローバル環境の中で大勢の人を前にモノが言える」自信を与えてくれるはずです。本書がそのお役に立つことを願っています。

　本書は多くの人に支えられ世に出ました。出版に声を掛けてくださった（株）アスク出版の天谷修身氏、編集にご尽力を賜った佐藤治彦氏、清水雄輔氏、助言を下さったセンゲージラーニング（株）の吉田剛氏、そしてビデオで熱演してくれた学生諸君（秋葉恭子、内田絢也、榎本勇太、草深はるの、並木祐希弥、林田笙子、福島梨乃、星野博計）に心より感謝申し上げます。

2013 年盛夏

松岡昇
立野貴之
三宅ひろ子

Table of Contents

English Skills	Presentation Skills
● 効果的な Speech Message	● プレゼンテーションの構造 ● 効果的な Visual Message ● 効果的な Physical Message
自己紹介を英語で行うことができる。 自分の過去、現在、将来について英語で述べることができる。 自分の興味、性格、長所、短所について英語で説明できる。 自分に関する英語の語彙、表現に慣れる。	● 内容と時間からプレゼンテーションを適切に構成することができる。 ● PowerPoint の基本操作ができる。 ● スライドに適切なキーワードを入れられる。 ● スライドに写真やイラストを入れられる。 ● 初歩的なプレゼンテーションを実行することができる。
事実を客観的に英語で述べることができる。 ニュースを rewrite し伝えることで、ニュース英語の語彙や表現に主体的に親しむ。 国内、海外、芸能・スポーツ、自分の大学のニュースを英語で伝えることができる。 グループとして、それぞれの項目を英語でまとめ、つなぐことができる。	●「情報伝達」のプレゼンテーションができる。 ● グループで準備（原稿、スライド作成など）ができる。 ● グループでの発表が円滑にできる（MC、時間管理）。 ● 効果的なスライド（アニメーションなど）を作ることができる。 ● 音楽（BGM）を効果的に使える。
自分たちの企画を英語で推し進めることができる。 企画のためのリサーチを英語で行うことができる。 プロモーション（説得）のための英語の語彙や表現に慣れる。 グループでまとまった内容を英語で伝えることができる。	●「提案（説得）」のためのプレゼンテーションができる。 ● グループによるプレゼンテーションの準備と発表ができる。 ● イラスト・写真、表、フローチャートを効果的に使える。 ● 印象的な「チラシ」を作ることができる。 ● 音楽（BGM）を効果的に使える。
日本の魅力を海外に英語で伝えることができる。 そのためのリサーチを英語で行うことができる。 「日本」を説明する語彙や表現に慣れる。 楽しいトークが英語でできる。	●「情報伝達」＋「説得」のプレゼンテーションができる。 ● グループによるプレゼンテーションの準備と発表ができる。 ● グループでの楽しいトークができる。 ● 効果的なスライドを作ることができる（日本的な演出）。 ● 音楽（BGM）を効果的に使える。
社会問題を英語で議論することができる。 社会問題についてのリサーチを英語で行うことができる。 社会問題を議論する英語の語彙、表現に慣れる。 データ（グラフ）を英語で説明できる。 グループでまとまった議論の展開を英語で行うことができる。	●「議論」のプレゼンテーションができる。 ● データ（グラフ）をスライドに表現できる。 ● 説明的なスライドを作ることができる。 ● 論理的な展開ができる。
自分の将来について英語で発表ができる。 自分の将来についてリサーチを英語で行うことができる。 「職業」を説明する語彙、表現に慣れる。 データに基づいたトークが英語でできる。 質疑応答を英語で行うことができる。	● 個人でプレゼンテーションの準備と発表ができる（2回目）。 ● リサーチ（データ）に基づいた発表ができる。 ● データ（グラフ）をスライドに表現できる。 ● 展開・時間管理を個人で行うことができる。 ● 質疑応答を行うことができる。

本書の構成と使い方

　Presentations to Go はプロジェクトをベースにした教材です。中学、高校で蓄積してきた英語力をベースに、プロジェクトをひとつずつこなしながら、英語力とプレゼンテーションの技術を同時に身につけていきます。本書の構成と使い方は以下の通りです。

□ 全体の構成：Introduction と 6 つのプロジェクト

本書は、Introduction と 6 つのプロジェクトで構成されています。Introduction では、プロジェクトを行うのに先立ち、Basics of an English Presentation（英語プレゼンテーションの基礎）について学びます。その後、Project 1 から順次、Project 2, 3, 4, 5, 6 と進みます。Project 1 と 6 は個人により、その他はグループによって行われます。

□ 各プロジェクトと 4 つのステップ

各プロジェクトは、左の例（Project 1）のように、それぞれ、テーマ、「設定」、「目的」、「(発表の)形態」、「(発表の)時間」が示され、その下に準備（3 回の授業)について記されています。この Step 1, Step 2, Step 3 が各プロジェクトを構成する 3 つのステップです。1 回の授業で 1 ステップ進みます。Step 4 が発表です。

□ 各ステップ

Step 1: Organizing & Writing Your Speech

1) **Learn from the Sample Video**：ビデオ映像でサンプル・プレゼンテーションを見ます。
2) **Learn from the Sample Script**：サンプル・プレゼンテーションのスクリプトを読み、語彙・表現を学びます。
3) **Plan the Project**：自己のプレゼンテーションの構想を練ります。
4) **Learn the Language**：サンプル・プレゼンテーションから選び出された語彙・表現を学びます。
5) **Write Your Speech**：サンプルをヒントに原稿を書きます。

Step 2: Checking Your Draft & Making Slides

1) **Check Your Draft**：「プレゼンテーション点検・評価シート」を基に、原稿の点検を行います。

2) **Make Slides**：PowerPoint でスライドを作成します。

3) **Revise Your Draft**：スライド作成によって生じた原稿の調整をします。

Step 3: Getting Things Done & Rehearsing

1) **Check Your Slides**：「プレゼンテーション点検・評価シート」を基に、スライドを点検します。

2) **Make a Handout**：配布資料を作成します。

3) **Rehearse**：発表のリハーサルをします。

Step 4: Giving a Presentation

1) **Make Last-Minute Preparations**：発表直前の準備と確認をします。

2) **Give a Presentation**：与えられた時間内で発表します。

3) **Get Feedback**：先生やクラスメートからコメントをもらいます。

4) **Evaluate Your Performance**：「プレゼンテーション点検・評価シート」で自己評価します。

☐ 英語表現のアドバイス

各プロジェクトの Step 1 に「英語表現アドバイス」があります。原稿を書く際のヒントにしてください。

☐ コラム

各プロジェクトにはコラム欄があります。ここにはプレゼンテーションの準備や発表に関する注意事項やアドバイスが書かれています。参考にしてください。

☐ HOMEWORK

各ステップの最後（1回の授業の終わり）に HOMEWORK を指示しています。授業時間内だけでなく、授業外でも時間を取って、プロジェクトの準備を進めてください。

BASICS OF AN ENGLISH PRESENTATION

英語プレゼンテーションの基礎

効果的で印象的なプレゼンテーションを英語で行うための基礎を最初に学びましょう。プレゼンテーションとは何か、そして、プレゼンテーションの準備の仕方、さらに、その実行の方法をコンパクトにまとめました。まずは、これらの「基礎」についてざっと目を通し、Project 1 以降の演習に役立ててください。

学習事項

Point 1 プレゼンテーションの基礎知識
Point 2 プレゼンテーションの準備の仕方
Point 3 プレゼンテーションの実行の方法

まずは、プレゼンテーションに関する基礎的な知識を持ちましょう。そもそもプレゼンテーションとは何か、そして、そのプレゼンテーションはどのような構造をしているか、さらに、プレゼンテーションではどのような手段でメッセージを伝達するか。この 3 点について理解しましょう。

❶ WHAT IS A PRESENTATION?

プレゼンテーションとは何でしょう。プレゼンテーションの定義と、その種類について整理します。

1) PRESENTATION

プレゼンテーションとは、自分（自分たち）の考えや情報を複数の人たちに提示、発表する行為です。英語では次のように定義できます。

A presentation is a way of giving information **to a group of people**, usually **in a formal way**.

普通に話すのと異なる点は、to a group of people と in a formal way です。このため、プレゼンテーションを成功させるためには、しかるべき技術や方法が求められます。

2) KINDS OF PRESENTATION

一口にプレゼンテーションといっても、さまざまな形があります。ここでは、話し手が何を目的にプレゼンテーションを行うかによって、次の3種類に分類します。

① 説得型プレゼンテーション（Persuasive Presentation）
自分（自分たち）の考えや意見を聞き手に説得することが主たる目的のプレゼンテーションです。企業での企画会議で自分のアイディアを発表したり、営業で自社製品を売り込んだりするプレゼンテーションなどがその例です。テレビのコマーシャルは最もコンパクトな説得型プレゼンテーションと言えるでしょう。大学では、クラブやサークルが新入生を勧誘するために行う説明会などがこれに当たります。

② 情報伝達型プレゼンテーション（Informative Presentation）
自分（自分たち）の持つ情報を聞き手に伝達することが主たる目的のプレゼンテーションです。企業での月例営業報告会議や、テレビのニュース、大学での講義などがその例です。

③ 儀礼型プレゼンテーション（Ceremonial Presentation）
儀礼的な状況で行われるプレゼンテーション（スピーチ）で、式典などの挨拶がこれに当たります。企業での入社式で社長が挨拶したり、大学での入学式や卒業式で学長が挨拶したり、あるいは、友人の結婚式で祝辞を述べるなどがその例です。

❷ STRUCTURE OF THE PRESENTATION

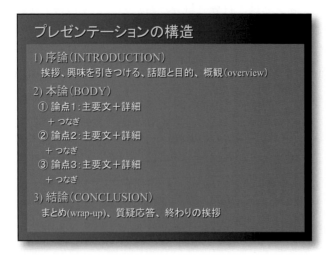

次に、プレゼンテーションの構造について見ていきましょう。大きくは、序論、本論、結論という3つのパートから構成されます。

1) INTRODUCTION

序論では、挨拶、自己紹介をし、これから話すことへ聴衆の興味を引きつける一言を述べます。その後、話題の紹介とその目的を伝えます。最後に、これから行う話全体の概観（overview）を伝えます。概観は、本に例えるなら「目次」、旅行に例えるならグループツアーの「旅程」です。聴衆に前もって道筋を示しておくことは欠かせません。

2) BODY

本論では、考えや情報を具体的に伝えていきます。本論はいくつかの論点で構成されます。また、それぞれの論点は主要文（topic sentence）に始まり、その後に詳細を述べる文（supporting sentences）が続きます。論点と論点の間は、話の流れがわかるように、適切なつなぎ（transition）のことばで橋渡しをします。

3) CONCLUSION

結論では、今までの話の要点をまとめ（wrap-up）、聞き手の理解を確認します（質疑応答）。最後に挨拶をしてプレゼンテーション全体を締めくくります。

❸ PRESENTATION MESSAGE

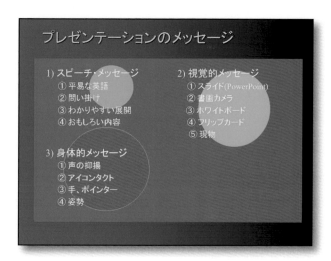

最後に、プレゼンテーションでのメッセージについて知っておきましょう。私たちはことばだけでメッセージを伝えていると考えがちですが、実は、そうではありません。

点検・評価 項目	評 価	コ メ ン ト
1. SPEECH MESSAGE	1　2　3　4　5	
1) Plain English	1　2　3　4　5	
2) Rhetorical Questions	1　2　3　4　5	
3) Logical	1　2　3　4　5	
4) Interesting (Funny)	1　2　3　4　5	
2. VISUAL MESSAGE (Slides)	1　2　3　4　5	
1) Key Words / Numbers	1　2　3　4　5	
2) Enumeration	1　2　3　4　5	
3) Images (Photos, Illustrations)	1　2　3　4　5	
4) Charts / Graphs	1　2　3　4　5	
3. PHYSICAL MESSAGE	1　2　3　4　5	
1) Voice Inflection	1　2　3　4　5	
2) Eye Contact	1　2　3　4　5	
3) Hands (Pointer)	1　2　3　4　5	
4) Posture	1　2　3　4　5	

この表は「プレゼンテーション点検・評価シート」です。プレゼンテーションの準備の点検と発表の評価に使います。従って、このシートにはプレゼンテーションの成否を決めるすべての要素が含まれています。いずれの項目においても「5」であれば、それは最高のプレゼンテーションと言えます。

プレゼンテーションの３種類のメッセージ

「プレゼンテーション点検・評価シート」を見ると、３種類のメッセージがあるのがわかります。当然のことながら、まずはことばによるメッセージ、つまり、スピーチ・メッセージ（speech message）です。そしてさらに、大きな影響力を持つメッセージがふたつあります。視覚的メッセージ（visual message）と身体的メッセージ（physical message）です。これら３つのメッセージが効果的に働けば、プレゼンテーションは成功です。そのために、どうしたらよいのでしょうか。それぞれのメッセージについて詳しく見ていきましょう。

1) SPEECH MESSAGE

スピーチ・メッセージは何よりも重要なメッセージです。私たちの話すことば（英語）そのものです。ポイントは以下の４つです。

① 平易な英語（Plain English）

聴衆にとっていかにわかりやすいことばで話すかが何よりも重要です。いたずらに難しいことばを使って教養をひけらかしても、わかってもらえなければそれまでです。平易な語彙、平易な構文、短めの文（15 words 前後）で原稿を準備するとよいでしょう。

② 問い掛け（Rhetorical Questions）

聴衆の注意を引きつけ、維持するためには、一方的に話す独話（monolog）ではだめです。時折、聴衆に問い掛け、まるで聞いている人たちと対話（dialog）をしているかのような雰囲気を作ることが大切です。

③ わかりやすい展開（Logical）

話の展開は、その内容に応じて、時系列（過去→現在→未来）、重要度順（重要度が低い→重要度が高い、あるいは、重要度が高い→低い）、論理的配列など、聞き手にとってわかりやすく進めるようにします。

④ おもしろい内容（Interesting, Funny）

いくら上手に話しても、話の内容そのものがおもしろくなければ、聴衆は耳を傾けてくれません。「おもしろい」とは興味を抱かせるもの（interesting）であり、ときには聴衆を笑わせるもの（funny）です。ジョークも大事な話の調味料です。

2) VISUAL MESSAGE

視覚的メッセージは視覚的補助（visual aids）と呼ばれることもあります。あくまでもスピーチ・メッセージを補助するものですが、実に強力な補助です。したがって、ビジュアルを上手に利用するか否かがプレゼンテーションの成否に関わることも珍しくありません。視覚的補助としては、PowerPoint のようなコンピ

ュータのプレゼンテーション・ソフトによるスライドの他に、書画カメラ、ホワイトボード、フリップ・カード、現物などがあります。最も使用頻度の高いコンピュータのスライドについて、いくつかのポイントを挙げましょう。

① キーワードと数字（Key Words / Numbers）

スライドには重要な語句のみを書きます。それによって聴衆の理解を助けます。英文を書き並べたのでは視覚的な補助にはなりません。数字も重要な意味を持つことが少なくありません。落とさないようにしましょう。

OVERVIEW

② 列挙（Enumeration）

話の内容は文章でスライドに書くことはせず、箇条書きにポイントを列挙します。各項目に数字をつけると、話し手にとっても聞き手にとっても要点を整理しやすくなります。

③ 画像（Photos, Illustrations）

「百聞は一見に如かず」です。写真やイラストを有効に活用しましょう。コンピュータのスライドの強みは、画像やイラストを簡単に取り込んでスライド上に表現できることです。こんな便利な機能を使わない手はありません。

④ 図表・グラフ（Charts / Graphs）

プレゼンテーションではデータを扱うことが少なくありません。数字がぎっしり詰まった表を見せられても、数字が語るものは容易に読み取れません。数量の変化や比較、率などを折れ線グラフや棒グラフや円グラフで示せば一目瞭然です。

3) PHYSICAL MESSAGE

身体的メッセージも視覚的メッセージと同じくらいスピーチ・メッセージの補助に
なります。身体的メッセージには、以下の４つがあります。

① 声の抑揚（Voice Inflection）

私たち日本人は英語を平坦に発音しがちです。日本語からの影響もありますが、
英語が借り物であるという意識が強く、それが無意識に働いて感情移入ができな
くなっていることが少なくありません。「英語はもうひとつの自分のことば」だ
と考え、遠慮せずに自分なりに感情をその中に注ぎ込んでみましょう。伝えよう
という気持ちが強ければ、自ずと自然な抑揚（強弱、高低、長短）が生まれます。

② アイ・コンタクト（Eye Contact）

文化によって目を合わせる（アイ・コンタクト）意味やその方法は異なります。
しかし、相手に真剣に話しかけるときに目を見るのは、程度の差こそあれ、世界
共通です。視線と共に声を聞き手にくまなくぶつけるつもりで話すとよいでしょ
う。目は口ほどにものを言います。

③ 手、ポインター（Hands, Pointer）

手も目と同様に重要なメッセージを送ります。スライドの一部を指して注意を喚
起したり、ことばの意味を増幅したり補足したり、手も実に雄弁に語ります。ス
ライドのスクリーンに手が届かない場合には、ポインターを利用する方法もあり
ます。

④ 姿勢（Posture）

体は堂々とした姿勢で、正面を常に聴衆に向けることが大事です。体の向きと口
と目が一緒になって、メッセージを聴衆に届けます。気をつけなければならない
のは、体がスライドのスクリーンに向いてしまうことです。相手は聴衆だという
ことを忘れないでください。

Point 2　HOW TO PREPARE A PRESENTATION

今度は、プレゼンテーションの準備の仕方について学んでいきましょう。作業の流れは、ブレーンストーミングをする、骨組みを作る、原稿を書く、スライドを作る、リハーサルをする、の5段階です。

❶ BRAINSTORMING

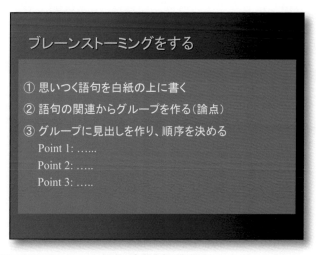

まずは、プレゼンテーションの内容（論点）を決めるためにブレーンストーミングを行います。ブレーンストーミングとは、脳（brain）に嵐（storm）を起こして、既成概念に捕らわれないアイディアを創出する思考方法です。まず、①白紙を準備し（Wordでやっても可）、プレゼンテーションのテーマに対し思いつくことを次々にその上に書き

出します。②出尽くした頃を見て、内容の関連からグループを作ります。このグループが論点になります。③それぞれのグループに見出し（全体の中では小見出し）をつけ、話す順番を決めます。

❷ MAKING A FRAMEWORK

次に、プレゼンテーションの原稿とスライドの骨組みを作ります。プレゼンテーションの持ち時間と、ブレーンストーミングの結果得られた論点の数から、時間の配分、原稿の語数、そして、スライドの枚数を概算します。上の例は、持ち時間が10分、論点が3つという設定で、序論、本論（各論点）、結論の時間配分、原稿の語数、スライドの枚数をそれぞれ算出したものです。時間と語数は「2 words /秒」で、時間とスライドの枚数は「1スライド/ 30秒」で計算しています。ただし、序論の部分は表紙のスライドが1枚加わるため2枚になっています。

❸ WRITING A SPEECH

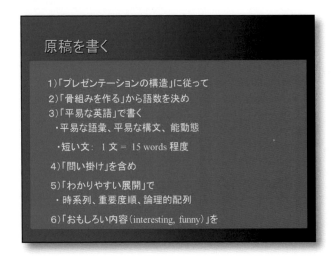

さて、いよいよスピーチの原稿を作成します。今までの学習事項に基づいて英文を書きましょう。ポイントは以下の6つです。

1)「プレゼンテーションの構造」（p. 4 参照）に従い、序論、本論、結論を意識して書きましょう。

2)「骨組みを作る」（p. 10 参照）から語数を決め、その範囲内で書くようにしましょう。

3)「平易な英語」（p. 6 参照）で書きましょう。そのためには、平易な語彙と平易な構文を使い、できる限り能動態で表現するとよいでしょう。 また、文は短めに、1 文を 15 words 程度で書くようにするとよいでしょう。

4)「問い掛け」（p. 6 参照）の文も原稿の中に準備しましょう。

5)「わかりやすい展開」（p. 6 参照）で原稿を書きましょう。展開の仕方には代表的なものとして、「過去」→「現在」→「未来」と時間の経過に合わせた「時系列」での展開と、重要性の低いものから高いものへ、あるいは逆に高いものから低いものへと「重要度順」で展開する方法と、問題解決を「現状」→「原因・理由」→「解決策」のように「論理的配列」で展開する方法などがあります。内容に応じてわかりやすい展開の仕方を選んでください。

6)「おもしろい内容（interesting, funny）」（p. 6 参照）になるよう、リサーチをしっかりやり、その結果をわかりやすくまとめ、自分の意見を添えるなど、聴衆にとって興味深い内容の原稿を準備しましょう。また、ジョークは原稿の段階で準備しておくとよいでしょう。

❹ MAKING SLIDES

大学のコンピュータには、ほとんどの場合、プレゼンテーション・ソフトとしてPowerPoint（Microsoft 社）がインストールされています。本書のプロジェクトではこのソフトを使って、視覚的メッセージ（VISUAL MESSAGE）の要であるスライドを作成します。

① PowerPoint の立ち上げ方
　PowerPoint は次の手順で立ち上げられます。

　[スタート] ボタン→ [すべてのプログラム] → [Microsoft Office] → [Microsoft PowerPoint]（オレンジ色のアイコン）で操作画面が立ち上がる。

② PowerPoint の機能

PowerPoint では次のようなことができます。それぞれの操作方法については、各プロジェクトの中（「PowerPoint の操作」）で説明します。

デザインをつける

文字を書き込む

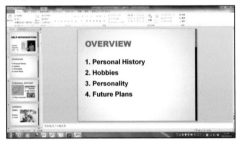

写真やイラストを入れる

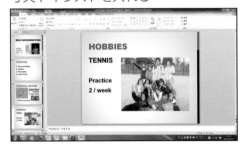

表を作って入れる

グラフを作って入れる

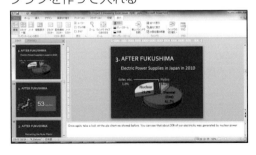

配布資料を作成する

その他、アニメーションを入れる、音楽を入れる、チャートを作るなど、さまざまな機能があります。効果的なスライド（pp. 6-7参照）を作り、ビジュアルでも訴えるプレゼンテーションを行いましょう。

❺ REHEARSING

リハーサルは準備の最終確認であり、同時に本番のための練習です。以下の要領でリハーサルは行います。

① 時計を使って

持ち時間を守るのはプレゼンテーションで最も大事なマナーです。リハーサルには必ず時計を使い、秒単位でタイミングを計ります。

② 聞き手の前で

企業での重要なプレゼンテーションは、必ず関係部署の同僚や上司の前で事前にリハーサルを行うのが大原則です。クラスメートや友人の協力を得て、聞き手の前でリハーサルを行いましょう。

③ 修正する

リハーサルの結果、修正すべき文言やスライド、あるいは時間配分があれば修正します。聞き手の前で行えば、新鮮な耳と目で感じたコメントがもらえます。これを基に修正を加えましょう。

④ 自分のことばになるまで

原稿を手に持ってプレゼンテーションすることは厳禁です。Wordで作成した原稿は、PowerPointの「ノート」に貼り付け、それを「ノートモード」でプリント・アウトします。このプリントを発表までの数日間持ち歩き、スライドの部分をチラッと見るだけでセリフが出てくるようになるまで練習しましょう。

「スライドとノート」のプリント

Point 3 GIVING A PRESENTATION

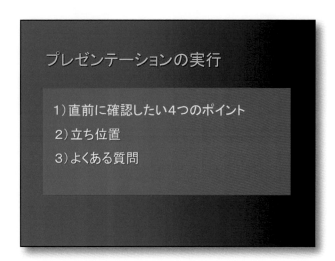

❶ LAST-MINUTE CHECKUP

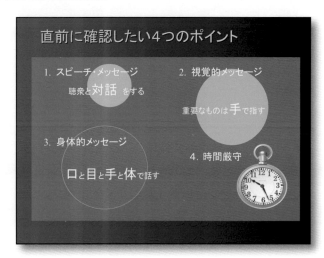

プレゼンテーションは自分（自分たち）の考えや情報を多くの人たちに伝えることです。メッセージがうまく伝わるように準備ができれば、あとはそれを実行するのみです。発表直前にもう一度確認したいポイントは以下の通りです。

① スピーチ・メッセージ：聴衆と対話をするつもりで話す。
② 視覚的メッセージ：特に重要なものは手（ポインター）で指す。
③ 身体的メッセージ：口と目と手と体で話す。
④ 時間厳守：終了時間になったら速やかに終える。

❷ WHERE TO STAND

A

B

発表の際、どこに立つか、その立ち位置を事前に確認するのも大事な準備です。基本的に、発表者とスライドを映すスクリーンの位置は上に示す2通りです。自分が中心のときはAのような位置で、スライドに示された情報が中心のときにはBのような位置で話すのがよいでしょう。しかし、会場（教室）によってスクリーンの位置は異なります。可能な範囲でA、Bに近づく工夫をしてください。

❸ FAQ

よくある質問に、「どうしたら緊張しないですか」というのがあります。だれでも大勢の人前で話すときには緊張するものです。この緊張を少なくするのは唯一、「入念な準備とリハーサル」です。これが十分にできたときには、緊張のドキドキが、伝えたい興奮のワクワクに変わるでしょう。

HOMEWORK

Project 1: INTRODUCING YOURSELF の事前準備をしてください。

☐ 自分の何について話すかを考える。
☐ スライドに使える写真を探す。
☐ サンプル・プレゼンテーションをビデオ映像で見る。

INTRODUCING YOURSELF
自己紹介で自分をアピールする

自己紹介は私たちの最も身近なプレゼンテーションです。Project 1 では、自己紹介を通じて、SPEECH MESSAGE だけでなく、VISUAL MESSAGE も PHYSICAL MESSAGE も駆使した、効果的で印象的なプレゼンテーションを行う基本的な技術を身につけます。

学習事項

ENGLISH SKILLS

- 自己紹介を英語で行うことができる。
- 自分の過去、現在、将来について英語で述べることができる。
- 自分の興味、性格、長所、短所について英語で説明できる。
- 自分に関する英語の語彙、表現に慣れる。

PRESENTATION SKILLS

- 内容と時間からプレゼンテーションを適切に構成することができる。
- PowerPoint の基本操作ができる。
- スライドに適切なキーワードを入れられる。
- スライドに写真やイラストを入れられる。
- 初歩的なプレゼンテーションを実行することができる。

ORGANIZING & WRITING YOUR SPEECH

プロジェクト "INTRODUCING YOURSELF" の内容と準備の要領を理解し、それに基づいて第 1 回目の準備を行います。

プロジェクト "INTRODUCING YOURSELF"

以下の内容と要領で準備し、プレゼンテーションを行います。

PROJECT 1: INTRODUCING YOURSELF

設定：留学生が混じるクラスでの初回の授業で自己紹介をする

目的：クラスメートに自己紹介をし、自分をアピールする

形態：個人

時間：2分

準備：3回の授業とHOMEWORKで準備する
　　　Step 1：サンプルを見る、語彙・表現を学ぶ、原稿を書く
　　　Step 2：原稿を点検する、スライドを作成する
　　　Step 3：配布資料を作る、リハーサルを行う

❶ LEARN FROM THE SAMPLE VIDEO

サンプル・ビデオを見ながら内容について次の欄にメモを取り、自己紹介のプレゼンテーションの構成や発表の要領を学びましょう。

INTRODUCTION	
POINT 1	
POINT 2	
POINT 3	
POINT 4	
WRAP-UP	
GENERAL IMPRESSION	

❷ LEARN FROM THE SAMPLE SCRIPT

サンプル・プレゼンテーションのスクリプトを読みながら、使えそうな語彙・表現に印
をつけ、自己の原稿作成のヒントにしましょう。

1

SELF-INTRODUCTION

ICHIRO TANAKA
（田中 一郎）

Hello, everyone. My name is Ichiro Tanaka. Let me introduce myself.

2

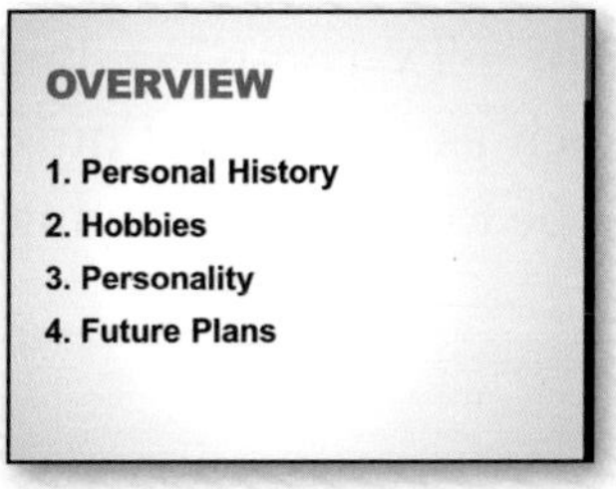

OVERVIEW

1. Personal History
2. Hobbies
3. Personality
4. Future Plans

I'm going to talk about my personal history, hobbies, personality and future plans.

3

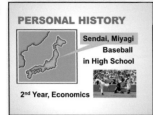

PERSONAL HISTORY

Sendai, Miyagi
Baseball
in High School

2nd Year, Economics

First, my personal history. I was born in Sendai in Miyagi prefecture. I played baseball in high school, dreaming of going to Koshien. Unfortunately, my dream didn't come true. I moved to Tokyo to enter this university last year. I'm a second year student majoring in economics.

4

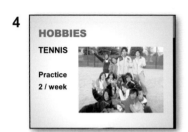

HOBBIES

TENNIS

Practice
2 / week

Talking about my hobbies, I like sports and music. I don't play baseball now, but I'm really into tennis. This is a picture of the tennis circle I belong to. We meet and practice twice a week. It's really fun.

5

HOBBIES

JAZZ

Miles Davis

Round about
Midnight

Listening to music is another thing I enjoy. I like all kinds of music from J-pop to classical, but most of all, I love jazz. This is my favorite album of Miles Davis — "Round about Midnight." Does anyone like it? It's really cool!!

6

PERSONALITY

OPTIMISTIC
Motto: Take It Easy

Like to Talk
with People

Now, about my personality. It's kind of difficult to describe myself, but I think I'm rather optimistic. I don't take things so seriously. "Take it easy" is my motto. Also, I'm cheerful and sociable and like to talk with people. Therefore, when you feel lonely and want someone to talk with, you can come to me. You're always welcome.

7

FUTURE PLANS

TV Company

· Music Shows
· Quiz Shows
_____
Continue Tennis

About my future, I haven't given it much thought yet, but I think it would be nice to work for a TV company. I'm interested in making programs such as music and quiz shows. Even after getting a job, I hope to continue playing tennis to stay young and fit.

8

WRAP-UP

1. **Personal History:** Sendai, 2nd Year
2. **Hobbies:** Tennis, Jazz
3. **Personality:** Optimistic
4. **Future Plans:** TV Company

Now, let me wrap up. I'm originally from Sendai and a second year student majoring in economics. I love jazz and playing tennis, and I'm optimistic. I want to work for a TV company in the future. That's about it. Thank you.

Project 1

❸ PLAN THE PROJECT

サンプル・プレゼンテーションを参考に、ブレーンストーミングをし、Introducing Yourself のプレゼンテーションの構想を練りましょう。

☐ 項目を2～4つ決め、下の表に記入する。
☐ それぞれの項目の要点を決め、下の表に記入する。

サンプル・プレゼンテーション

	項目	要　　点
POINT 1	経歴	出身、高校での野球、大学で東京へ、経済２年
POINT 2	趣味	・スポーツ：テニス、サークル、練習 ・音楽：ジャズ、好きなアルバム、マイルス・デイビス
POINT 3	性格	楽観的、「気にしない」主義、明るい、話好き
POINT 4	将来	テレビ局、娯楽番組（音楽、クイズ）、テニス続行

あなたのプレゼンテーション

	項目	要　　点
POINT 1		
POINT 2		
POINT 3		
POINT 4		

INTRODUCING YOURSELF　21

❹ LEARN THE LANGUAGE

サンプル・プレゼンテーションからの語彙・表現を自己の原稿作成に活用しましょう（カッコ内の数字は、その表現が使われているブロックの番号）。

1	<u>I'm going to talk about</u> my personal history, hobbies, personality and future plans.　(2)	OVERVIEW で使える表現。これから話そうとする内容を、項目を挙げながら I'm going to talk about A, B, C and D. のように紹介します。
2	<u>First</u>, my personal history.　(3)	「まず最初は、... です」と切り出すときの表現。First, I'll talk about .... の I'll talk about が省略されたもの。
3	<u>Talking about</u> my hobbies,...　(4) <u>Now, about</u> my personality.　(6)	話題を転換するときの表現です。Talking about ... で「... については」。 これも話題転換の表現。Now, I'll talk about ....（さて今度は、... についてです）の I'll talk が省略されたもの。
4	I'm <u>a second year student majoring in</u> economics.(3)	大学生の自己紹介に必須の表現。「2年生で経済を専攻しています。」学年は a first/second/third/fourth year student で「1/2/3/4年生」。major in ... は「... を専攻する」。
5	I'<u>m</u> really <u>into</u> tennis.　(4) enjoy / like / love / my favorite　(5)	be into ... は「... にはまっている」。 (5) も合わせて、「好き」な表現にバリエーションをつけましょう。
6	Does anyone like it?　(5)	ときどき聴衆に問いかけましょう。
7	<u>Also</u>, I'm <u>cheerful and sociable</u>...　(6)	Also は「また、...」と情報を追加する表現。cheerful and sociable（明るくて社交的）
8	when you feel lonely ..., you can come to me.　(6)	自分の話を聴衆と関係付けて、注意を引く話し方です。
9	I want to <u>work for</u> a TV company...　(7)	work for ...（... で働く）は、for に代わって at/ with でも可。
10	Now, <u>let me</u> <u>wrap up</u>.　(8) <u>That's about it.</u> Thank you.　(8)	「まとめ」の表現。Let me ...（... させてください）と wrap up（まとめる）を組み合わせたもの。 「そんなところです」と締めくくり、Thank you. と礼を言って終えます。

英語表現アドバイス　簡単な英語で表現する：3ステップ英作文

（例）　　大人の日本語：「私は優柔不断です」
STEP 1　小3の日本語：「私は決めるのが遅い」
STEP 2　日・英語：　「私は 遅い 決めるのが（とき）」
STEP 3　英語：　　　I am slow when I decide.

　プレゼンテーションは、ひとりでも多くの人に、できるだけ多くを理解してもらうことが何よりも重要です。そのため、できるだけ簡単な英語で表現することがポイントです。例えば、「私は優柔不断です」と言うときに、「優柔不断」を和英辞書で調べるとindecision が出てきます。しかし、I'm indecision. では通じません。ネット上の自動翻訳ソフトでは I'm irresolute. などと出てきます。間違いではないですが、多くの人には伝わりにくいでしょう。

　ひとつの基準として、自分が初めて見る語であれば、その語は使うのを避けたほうが無難です。上の例に示した「3ステップ英作文」を試してみてください。手順は以下の通りです。

STEP 1：　大人の日本語を小学3年生ならどんな日本語で言うか考える。
STEP 2：　その日本語を英語の語順に並べ替える（日・英語）。
STEP 3：　日・英語を英語に訳す。

❺ WRITE YOUR SPEECH

☐ 原稿の語数を決める

項目	時間（秒数）	語数
INTRODUCTION		
POINT 1		
POINT 2		
POINT 3		
POINT 4		
CONCLUSION		

語数：2 - 2.5 words/ 秒

2 words/ 秒：　ゆっくり派
2.5 words/ 秒：内容充実派

・2分（120秒）をそれぞれの項目に割り振る（秒数）。
・それぞれの項目に割り振られた秒数から語数を算出する。

□ 原稿を書く（Word で）

サンプル・プレゼンテーションの Hobbies（ブロック 4, 5）を参考に、段階的に原稿を作成しましょう。

第1段階：項目（トピック）→　要点（キーワード）

> 趣味 →　　① スポーツ：テニス、サークル、週2の練習
> 　　　　　 ② 音楽：ジャズ、好きなアルバム、マイルス・デイビス

第2段階：要点（キーワード）＋ α → キー英文
キーワードの周辺に語句を加えてキーとなる英文を作る

> ① テニス → I'm really into **tennis**.
> 　サークル → This is a picture of the **tennis circle** I belong to.
> 　週2の練習 → We meet and **practice twice a week**.
> ② 音楽　　→ I like all kinds of **music** from J-pop to classical
> 　ジャズ　→ but most of all, I love **jazz**.
> 　好きなアルバム → This is **my favorite album**
> 　マイルス・デイビス → of **Miles Davis** — "Round about Midnight."

第3段階：キー英文 ＋ α → パラグラフ
キーとなる英文の周辺に文を加えてパラグラフにする

> ① Talking about my hobbies, I like sports and music. I don't play baseball now, but **I'm really into tennis. This is a picture of the tennis circle I belong to. We meet and practice twice a week**. It's really fun.
>
> ② Listening to music is another thing I enjoy. **I like all kinds of music from J-pop to classical, but most of all, I love jazz. This is my favorite album of Miles Davis — "Round about Midnight."** Does anyone like it? It's really cool!!

HOMEWORK

□ 原稿をひと通り書き上げる。
□ 原稿の最後に語数を記す（Word リボン → 校閲 → 文字カウント）。
□ スライド作成のための写真やイラストなどを探す。

Column Column Column Column Column

ネット上の自動翻訳ソフト

自動翻訳ソフトよりも自分の英語力を信じて

| （例） | 「愛してます」 | → | It's being loved. |
| | 「あなたが好きです」 | → | You like it. |

ネット上の自動翻訳ソフトは使わないほうがよいでしょう。理由はふたつです。
1） 英語力がつかない
2） 翻訳が正確でない

1）については、述べるまでもありません。自力で英訳することをやらなければ力はつきません。2）については、上に例を示した通りです。自動翻訳ソフトはまだ課題が少なくありません。ソフトの中には「愛してます」を入力すると It's being loved. と、「あなたが好きです」を入れると You like it. と訳出するものもあります。自分の英語力を信じて、先に紹介した「3ステップ英作文」で、英訳することに慣れましょう。

Step 2 · CHECKING YOUR DRAFT & MAKING SLIDES

プロジェクトの第2回目の準備を行います。原稿を点検し、スライドを作成します。

❶ CHECK YOUR DRAFT

☐ 原稿の量（語数）の点検：「2～2.5 words/秒」になっているか。

☐ Introduction, Body, Conclusion の構成はできているか。

☐ Body を構成する項目は、内容、数、順序、分量（語数）において適切か。

☐ 「プレゼンテーション点検・評価シート」で SPEECH MESSAGE を点検する。

点検・評価　項目	評　　価	コ　メ　ン　ト
1. SPEECH MESSAGE	1　2　3　4　5	
1) Plain English	1　2　3　4　5	
2) Rhetorical Questions	1　2　3　4　5	
3) Logical	1　2　3　4　5	
4) Interesting (Funny)	1　2　3　4　5	
2. VISUAL MESSAGE (Slides)	1　2　3　4　5	
1) Key Words / Numbers	1　2　3　4　5	
2) Enumeration	1　2　3　4　5	
3) Images (Photos, Illustrations)	1　2　3　4　5	
4) Charts / Graphs	1　2　3　4　5	
3. PHYSICAL MESSAGE	1　2　3　4　5	
1) Voice Inflection	1　2　3　4　5	
2) Eye Contact	1　2　3　4　5	
3) Hands (Pointer)	1　2　3　4　5	
4) Posture	1　2　3　4　5	

Point

今回の SPEECH MESSAGE のポイント：簡潔・明瞭

☐ Plain English: 難しい単語を使っていないか。

☐ Rhetorical Questions: 少なくとも1回は聴衆への問い掛けが入っているか。

☐ Interesting(Funny):「あなたらしい」内容になっているか。

❷ MAKE SLIDES

☐ 全体のスライドの構成

原稿と照らし合わせながら、プレゼンテーション全体のスライド構成を決める。

スライドの枚数 1枚 / 15 〜 30 秒	目安として 15 〜 30 秒に 1 枚。枚数が少なければ、話し手、聞き手の双方に VISUAL のヒントが少なくなり、枚数が多ければヒントも多くなる。

サンプル・プレゼンテーションの例（120 秒 → 8 枚）

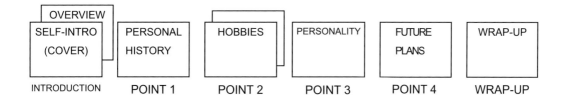

☐ INTRODUCTION のスライド

COVER（表紙）に 1 枚、OVERVIEW（目次）に 1 枚、作成する。

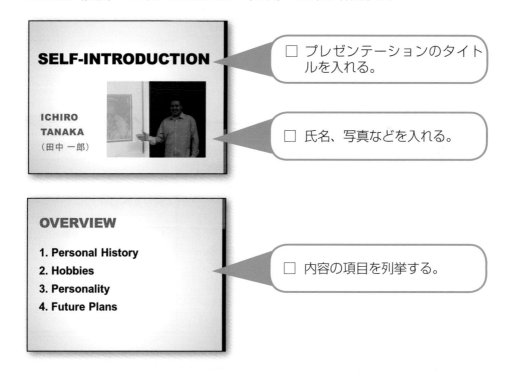

☐ プレゼンテーションのタイトルを入れる。

☐ 氏名、写真などを入れる。

☐ 内容の項目を列挙する。

□ BODY のスライド

それぞれの項目に対し1枚以上を作成する（サンプル・プレゼンテーションでは HOBBIES の項目にのみ2枚作成している）。

注意！文字だらけのスライドにならないように。

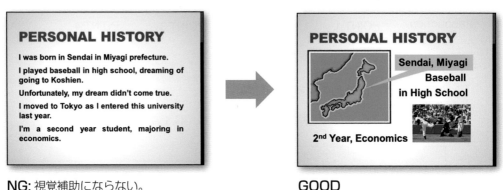

□ CONCLUSION のスライド

ここでは WRAP-UP（まとめ）のスライドを作成する。OVERVIEW のスライドに BODY の要点を加えたイメージで作成する。

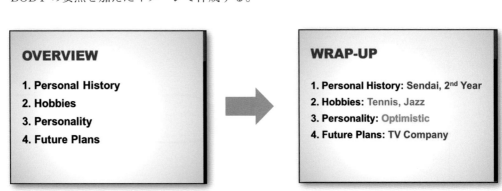

■ PowerPoint の立ち上げ方

まずは PowerPoint を立ち上げてください。

■ 文字の入力

ボックスの中をクリックしてタイトルと氏名を書き込みます。

■ スライドデザインの選択

次にデザインを決めます。

① ［デザイン］→［テーマ］の ▼ をクリックする。

② 【すべてのテーマ】がプルダウンメニューで表示される。

③ クリックしたデザインがスライドに適用される。

■ スライドの追加と削除

2枚目のスライドを作ります。

① ［ホーム］→［スライド］→［新しいスライド］をクリック。

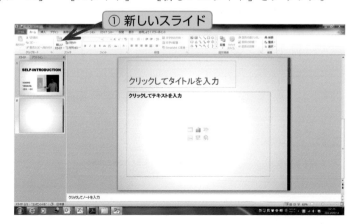

② レイアウトを変更する場合:[ホーム] → [スライド] → [レイアウト] をクリック。

③ スライドを削除する場合:[スライド] または [アウトライン] でスライドを選択し、キーボードの [Delete] キーを押す。

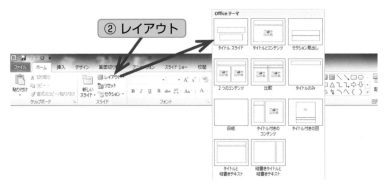

■ 箇条書き

箇条書きに番号や符号をつけます。

① 箇条書きに番号や符号をつけたい文字列を選択（ドラッグ）する。

② [段落番号] をクリックすると、箇条書きに番号がつく。

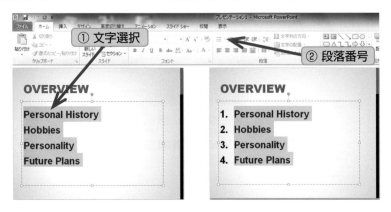

③ 番号や符号の種類を変更したい場合はボタンの▼をクリック。

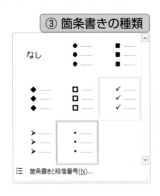

■ 画像（写真）の挿入
　① ［挿入］→［図］をクリック。
　② 【図の挿入】のダイアログボックスが表示される。
　③ 使う写真をダブルクリックするとスライド上に追加される。
　④ 位置の変更：マウスを画像（写真）上に持っていきドラッグすると位置を変えられる。

　⑤ サイズの変更：画像（写真）の枠にある○（または□）の部分をドラッグするとサイズを変えられる。

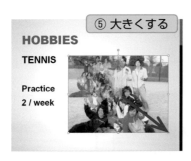
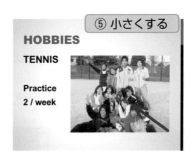

❸ REVISE YOUR DRAFT

スライド作成によって生じた原稿の追加や削除、書き換えを適宜行いましょう。

HOMEWORK　□ スライドを完成させる。

Column Column Column Column Column

重要語句は大きな声と大きな文字で

☐ 重要な語句：大きな声で

私たちは、すべての語を同じ「強さ」、「高さ」、「長さ」で話しているわけではありません。重要な語句は大きな声（強く、高く）で発音し、他から目立つように工夫をしています。英語でも同じです。重要な語句は「強く、高く」発音しましょう。さらに強調したいときには、これに加えて「長〜く」発音します。また、十分に注意を引きつけるため、重要語句の前に短く「ポーズ（休止）」を取るテクニックもあります。これらを総称して Voice Inflection と言います。下の例で練習してみましょう（太字は「強く、高く」）。

Listening to music is another thing I enjoy. I like **all kinds** of music from J-pop to classical, but **most of all**,（ポーズ）I love **jazz**. This is my **favorite** album of **Miles Davis** — "Round about Midnight." Does anyone like it?（ポーズ）It's **really cool**（長〜く）!!（サンプル・プレゼンテーションのブロック5より）

☐ 重要な語句：大きな文字で

PowerPoint のスライドの文字も同じです。重要な語句だけをスライドに書き、さらに重要度で文字の大きさを選びます。もちろん、重要度の高いものが大きな文字になります。また、色を使い分ける工夫もしてみましょう。

Step 3　GETTING THINGS DONE & REHEARSING

プロジェクトの第3回目の準備を行います。スライドを点検し、リハーサルを行います。

❶ CHECK YOUR SLIDES

各自のスライドを以下の要領で点検しましょう。

☐ スライドの枚数は少なくないか（15 〜 30 秒に 1 枚）。

☐ スライド上の文字は多くないか。

☐ 文字は見えにくくないか（フォントサイズ：32 以上）。

☐ 「プレゼンテーション点検・評価シート」で VISUAL MESSAGE を点検する。

点検・評価　項目	評　　価	コ　メ　ン　ト
1. SPEECH MESSAGE	1　2　3　4　5	
1) Plain English	1　2　3　4　5	
2) Rhetorical Questions	1　2　3　4　5	
3) Logical	1　2　3　4　5	
4) Interesting (Funny)	1　2　3　4　5	
2. VISUAL MESSAGE (Slides)	1　2　3　4　5	
1) Key Words / Numbers	1　2　3　4　5	
2) Enumeration	1　2　3　4　5	
3) Images (Photos, Illustrations)	1　2　3　4　5	
4) Charts / Graphs	1　2　3　4　5	
3. PHYSICAL MESSAGE	1　2　3　4　5	
1) Voice Inflection	1　2　3　4　5	
2) Eye Contact	1　2　3　4　5	
3) Hands (Pointer)	1　2　3　4　5	
4) Posture	1　2　3　4　5	

今回の VISUAL MESSAGE のポイント：簡潔・明瞭

☐ Key Words：キーとなる語句は落ちていないか。

☐ Images (Photos, Illustrations)：自分自身の写真を使っているか。

❷ MAKE A HANDOUT

今回は PowerPoint の印刷機能で配布資料を作成します。

```
┌─────────────────────┐  ⊂
│  PowerPoint の操作  │  ⌒DVD
└─────────────────────┘
```

■ 配布資料の印刷

　　①［ファイル］→［印刷］をクリック。

　　②［設定：フルページサイズのスライド］→［配布資料：9スライド（横）］
　　　→［印刷］をクリック。

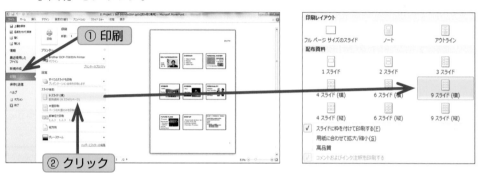

❸ REHEARSE

以下の要領でリハーサルを行いましょう。

☐ 原稿を PowerPoint（ノートモード）のノートスペースにコピーする（p.35 参照）。

☐ 印刷された「スライドとノート」を見ながら発表の練習をする。

☐ 時間を計って、話すスピードを調整する。

☐ 原稿を見ながらも「プレゼンテーション点検・評価シート」の PHYSICAL MESSAGE
　　を意識して行う。

点検・評価　項目	評　価	コ　メ　ン　ト
1. SPEECH MESSAGE	1　2　3　4　5	
1) Plain English	1　2　3　4　5	
2) Rhetorical Questions	1　2　3　4　5	
3) Logical	1　2　3　4　5	
4) Interesting (Funny)	1　2　3　4　5	
2. VISUAL MESSAGE (Slides)	1　2　3　4　5	
1) Key Words / Numbers	1　2　3　4　5	
2) Enumeration	1　2　3　4　5	
3) Images (Photos, Illustrations)	1　2　3　4　5	
4) Charts / Graphs	1　2　3　4　5	

3. PHYSICAL MESSAGE	1 2 3 4 5	
1) Voice Inflection	1 2 3 4 5	
2) Eye Contact	1 2 3 4 5	
3) Hands (Pointer)	1 2 3 4 5	
4) Posture	1 2 3 4 5	

PowerPoint の操作 DVD

■ 「スライドとノート」の作成

① ［表示］ → ［ノート］ → ノートスペースに原稿をコピーする。

① ノートスペースにコピー

② ノートモードで印刷：［印刷］ → ［印刷レイアウト］を「ノート」にする。

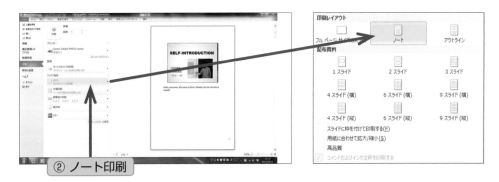

② ノート印刷

HOMEWORK

□ 「スライドとノート」を持ち歩きながら、1週間で自分のことばにする。

□ 時間を計り、話す速度を調整する。

□ 「スライドとノート」のスライドの部分だけを見ながら、英語がスムーズに
　出てくるようになるまで練習する。

□ PHYSICAL MESSAGE を意識して、仕上げる。

Step 4　GIVING A PRESENTATION

プロジェクトの発表を行います。直前の準備と確認、プレゼンテーション、そして、プレゼンテーションの自己評価をしましょう。

❶ MAKE LAST-MINUTE PREPARATIONS

以下をプレゼンテーションの事前に、準備、または、確認しましょう。

□ 配布資料（　　部）
□ 発表の順番（　　番目）
□ 機材：PC（音）、スクリーンの位置、マイク、ポインター
□ 立ち位置

❷ GIVE A PRESENTATION

残さず発表できるように、タイムキーパーの残り 30 秒を見逃さないように。

タイムキーパー用に秒きざみでカウントダウンできる時計（キッチンタイマーで OK）と左のようなフリップ・カードを準備する。タイムキーパーは残り時間 30 秒になったときに、フリップ・カードを 10 秒間発表者に示す。

❸ GET FEEDBACK

発表直後、次の発表者が準備をしている間に、先生やクラスメートからコメントをもらいましょう。

❹ EVALUATE YOUR PERFORMANCE

「プレゼンテーション点検・評価シート」で、自己評価してみましょう。

点検・評価　項目	評　価	コ　メ　ン　ト
SPEECH MESSAGE	1　2　3　4　5	
1) Plain English	1　2　3　4　5	
2) Rhetorical Questions	1　2　3　4　5	
3) Logical	1　2　3　4　5	
4) Interesting (Funny)	1　2　3　4　5	
VISUAL MESSAGE (Slides)	1　2　3　4　5	
1) Key Words / Numbers	1　2　3　4　5	
2) Enumeration	1　2　3　4　5	
3) Images (Photos, Illustrations)	1　2　3　4　5	
4) Charts / Graphs	1　2　3　4　5	
PHYSICAL MESSAGE	1　2　3　4　5	
1) Voice Inflection	1　2　3　4　5	
2) Eye Contact	1　2　3　4　5	
3) Hands (Pointer)	1　2　3　4　5	
4) Posture	1　2　3　4　5	

Project 1

HOMEWORK

Project 2: News Digest の事前準備をしてください。

☐ 取り上げたいニュースを探す。

☐ ニュース番組を見て、ニュース・プレゼンテーションのやり方を学ぶ（p.53 参照）。

☐ アイディアを2、3ノートに書いて、次の授業に持参する。

☐ サンプル・プレゼンテーションをビデオ映像で見る。

NEWS DIGEST

ニュースを世界に伝える

テレビのニュース番組は典型的な「情報伝達」のプレゼンテーションです。Project 2
では、自らニュース番組を行うことによって、客観的に英語で情報を伝えるプレゼ
ンテーションの技術を身につけます。

学習事項

ENGLISH SKILLS

- 事実を客観的に英語で述べることがで
きる。
- ニュースを rewrite し伝えることで、
ニュース英語の語彙や表現に主体的に
親しむ。
- 国内、海外、芸能・スポーツ、自分の
大学のニュースを英語で伝えることが
できる。
- グループとして、それぞれの項目を英
語でまとめ、つなぐことができる。

PRESENTATION SKILLS

- 「情報伝達」のプレゼンテーションがで
きる。
- グループで準備（原稿、スライド作成
など）ができる。
- グループでの発表が円滑にできる
（MC、時間管理）。
- 効果的なスライド（アニメーションな
ど）を作ることができる。
- 音楽（BGM）を効果的に使える。

ORGANIZING & WRITING YOUR SPEECH

プロジェクト "NEWS DIGEST" の内容と準備の要領を理解し、それに基づいて第 1 回目の準備を行います。

プロジェクト "NEWS DIGEST"

以下の内容と要領で準備し、プレゼンテーションを行います。

Project 2: News Digest

設定：学生が作る海外向けTVニュース番組 NEWS DIGEST

目的：日本で話題になっているニュース（4つ）を海外に伝える
1. Domestic News （国内ニュース）
2. International News （海外ニュース）
3. Sports & Entertainment （芸能・スポーツニュース）
4. XXX University News （自己の大学ニュース）

形態：グループ（4人）

時間：10分

準備：3回の授業とHOMEWORKで準備する
Step 1：サンプルを見る、グループを作る、企画書を書く、語彙・表現を学ぶ、原稿を書く
Step 2：原稿を点検する、スライドを作成する（個人）
Step 3：4人のスライドをひとつにまとめる、音楽を入れる、配布資料（番組案内）を作る、リハーサルを行う

❶ LEARN FROM THE SAMPLE VIDEO

サンプル・ビデオを見ながら内容について次の欄にメモを取り、ニュース番組のプレゼンテーションの構成や発表の要領を学びましょう。

INTRODUCTION	
NEWS 1	
NEWS 2	
NEWS 3	
NEWS 4	
GENERAL IMPRESSION	

❷ LEARN FROM THE SAMPLE SCRIPT

サンプル・プレゼンテーションのスクリプトを読みながら、使えそうな語彙・表現に印
をつけ、自己の原稿作成のヒントにしましょう。

1

****

Yuta: Welcome to the MBS News Digest. I'm Yuta No-
mura. It's just before summer here, and we're en-
joying the fresh air of June. How are you doing?
As usual, we have chosen very interesting topics.

****

2

Here are the headlines.
· Mt. Fuji Registered as a World Heritage Site
· Gun Shooting Again in the U.S.
· Japan Becomes First to Qualify for the World
  Cup
· New Café Opens on Campus

3

Yuta: The first news is about Mt. Fuji, which was at last registered as a World Heritage site. Yukimi Yamamoto has this story.

Yukimi: Hello, everyone. I'm Yukimi. It's good news for Japan and the Japanese people.

4

The U.N. Educational, Scientific and Cultural Organization, or UNESCO, finally accepted the request from Japan and registered Japan's highest mountain as a World Cultural Heritage site. It was officially announced after the meeting of the World Heritage Committee held earlier this week, which made the mountain Japan's 13th World Cultural Heritage site.

5

Mt. Fuji is located 100 kilometers, or about 60 miles, southwest of Tokyo and can be seen from almost everywhere in the eastern part of Japan on a clear day. It's 3,776 meters high, which makes it the highest mountain in Japan. However, its being the highest is not very important. It's the symmetrical cone shape of the mountain that makes it look exceptionally beautiful and attract people. It's capped with snow for several months a year and it's frequently depicted in paintings and photographs.

6

Mt. Fuji
Symbol of Japan
Artistic Beauty   Religious Charms
Reasons for the Registration

It has long been loved by Japanese people. It's been a symbol of Japan and its culture, and also a symbol of nature worship for the people of the country. It has both artistic beauty and religious charms. These are the reasons it was listed, the officials said.

7

Yukimi: Every year, as many as 300 thousand people climb Mt. Fuji. Therefore, it's not unusual to see large crowds of people at the summit during the summer. The World Heritage status will help people further recognize the beauty and importance of this awesome mountain, but, at the same time, it will boost tourism and bring more sightseers and climbers to the mountain.

8

Shops, hotels, travel agents and transportation companies are especially happy to hear the news. But there is one thing you should remember. Registration on the World Heritage list is aimed at preserving precious cultural assets and natural treasures for future generations, Yuta.

Yuta: I couldn't agree with you more. Many thanks, Yukimi.

9

HEADLINES	M S
Mt. Fuji Registered as a World Heritage Site	
Gun Shooting Again in the U.S.	
Japan Becomes First to Qualify for the World Cup	
New Café Opens on Campus	

Now, international news. Another tragedy by a gun shooting happened in the United States. Kentaro Suzuki has more.

10

Gun Shooting in the U.S.   M S
5 Killed
5 Wounded

Santa Monica, Calif.
Reporter: Kentaro Suzuki

Ken: Earlier this month, there was a gun shooting in the United States, where five people were killed and five others wounded. The tragedy took place in the seaside community of Santa Monica, California.

11

Gun Shooting in the U.S   M S
Kills Father and Brother
Sets Fire to Home
Random Shooting   Suspect: John Zawahri

The suspect first killed his father and brother and set fire to their home before going on a random shooting. He was eventually chased by armed police and ran into a college library building, where he opened fire on students.

12

Gun Shooting in the U.S   M S
Bullet-proof Jacket   Assault-style Rifle

Ken: According to city police, the gunman was in his early 20s, and he was wearing a bullet-proof jacket and armed with an assault-style rifle. He was finally shot in a gunfight with police and died.

13

Gun Shootings in the U.S   M S
History of the Past 10 Years
July 2003:   5 killed, 9 injured (Miss.)
March 2005: 9 killed, 7 injured (Minn.)
Oct. 2006:   5 killed, 5 injured (Pa.)
Feb. 2007:   5 killed, 4 injured (Ut.)
April 2007: 32 killed, 17 injured (Va.)
Dec. 2007:   8 killed, 4 injured (Neb.)

This kind of random shooting incident, unfortunately, is not rare in the United States. If you just look at the history of the past ten years, …

14

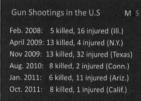

Gun Shootings in the U.S   M S
Feb. 2008:   5 killed, 16 injured (Ill.)
April 2009: 13 killed, 4 injured (N.Y.)
Nov 2009: 13 killed, 32 injured (Texas)
Aug. 2010:   8 killed, 2 injured (Conn.)
Jan. 2011:   6 killed, 11 injured (Ariz.)
Oct. 2011:   8 killed, 1 injured (Calif.)

… you will be surprised at …

15

Gun Shootings in the U.S   M S
April 2012:   7 killed, 3 injured (Calif.)
July 2012: 12 killed, 58 injured (Colo.)
Aug. 2012:   6 killed, 3 injured (Wis.)
Sept. 2012: 6 killed, 2 injured (Minn.)
Dec. 2012: 27 killed, 1 injured (Conn.)
June 2013:   5 killed, 5 injured (Calif.)

… how often it happened and how many victims there have been.

16

Gun Shootings in the U.S.   M S
< Most Terrible >
April 2007: 32 killed, 17 injured (Va.)
At University
Dec. 2012: 27 killed, 1 injured (Conn.)
At Elementary School
20 First Graders

The most terrible incidents that are still fresh in our memory are the one that took place at a university in Virginia in 2007 and the one at an elementary school in Connecticut in 2012. Thirty two and 27 were killed respectively and the latter included 20 first grade children. For the little victims, President Obama wiped away tears and said, "Our hearts are broken today."

17

Gun Shooting in the U.S. M S

Gun Control

Opposition

Senate

Obama

Ken: After the school shootings, Obama proposed gun control reform to Congress. In spite of these repeated tragedies, however, it was turned down with strong opposition from the Senate in April. Then again, there was another shooting and another bunch of victims this month as I reported, Yuta.

Yuta: Thank you, Kentaro. Let us pray for the victims and hope that such a tragedy will never happen again.

18

HEADLINES M S

Mt. Fuji Registered as a World Heritage Site

Gun Shooting Again in the U.S.

Japan Becomes First to Qualify for the World Cup

New Café Opens on Campus

Now, we go on to Sports & Entertainment. There was a game of the World Cup Asian qualifiers between Japan and Australia. With this game, Japan became the first to qualify for the 2014 World Cup in Brazil.

19

Japan Becomes First to Qualify M S

Saitama Stadium 62,000

Japan 1   1 Australia

First to Qualify

In front of 62 thousand fans at Saitama Stadium on June 4th, Japan tied Australia 1-1 and became the first country to qualify for next year's World Cup. This will allow Japan to participate in the final tournament five times in a row.

20

Japan Becomes First to Qualify M S

Many Chances for Japan to Score

Endo
Kagawa

There seemed to be lots of chances for Japan to score both in the first and the second halves. Endo made a beautifully curling free kick, which flew just wide of the post. Kagawa chipped a delicate shot that just kissed the corner of the post and bar. The game remained scoreless.

21

Yuta: It was in the 37th minute of the second half that Australia made a goal and led. With time running out, Japan was feeling pressed in injury time, when Australia got a hand penalty in the box. It was a lucky penalty. Keisuke Honda didn't miss this last minute chance. With all the spectators watching, holding their breath, Honda kept his cool and successfully scored!

22

In an interview after the game, Honda said, "I really felt the pressure. It's a shame that we couldn't win the game, but it's great that we have made it to the World Cup." Japan's manager Zaccheroni also looked back and said, "The players did fantastically well." "The reason I came to Japan was to take this team to the World Cup, so it's a relief to have achieved that," the manager added.

23

The game was broadcast live on nationwide TV, and the viewer rating went over 38 percent. Wow. Did you watch it, Hanako?

Hanako: Don't joke, Yuta. I went to Saitama Stadium and watched it with my own eyes. I was so excited that I couldn't sleep that night.

Yuta: I know you are a big soccer fan.

24

By the way, Hanako, what's new on campus?

Hanako: Today, I'm going to talk about our new café on campus that opened only a week ago.

25

Toto University News   M S
Sakura Café Opens

Hanako: It's called Sakura Café. If you want a quick bite or some good coffee before or after class, and if you are a bagel fan, this is surely the place to go.

26

Toto University News   M S
Sakura Café
300/day
Coffee, Tea, Soft Drinks, Sandwiches, ...

Sakura Café, located on the 1st floor of the Matsuno Memorial Hall, now attracts more than 300 students each day. It has become one of the most popular places on campus for students to relax. It offers coffee, tea, soft drinks, sandwiches and so on, just like any other café. But there's one thing here that you can't find at other places — a wide variety of bagels.

27

Toto University News   M S
Bagels
Wide Variety
80 % by Girls

Bagels first came to Japan in the late 1990s, and now they have become popular, especially among health-conscious young women. According to the manager of Sakura Café, 80 percent of bagels here are eaten by girls.

28

Toto University News   M S
■ Bagel of the Day
■ Bagels (8 kinds)
   Plain, Sesame, Sinnamon, Chocolate, Matcha, ...
■ Bagel Sandwiches

Here's what they have on the menu: a Bagel of the Day, and eight different kinds of bagels, and bagel sandwiches. I like sandwiches and this is my favorite one. It's so yummy!

29

Toto University News   M S
60 seats (in)
20 seats (out)

Business Hours
8:45 am – 7:30 pm

They have 60 seats inside the shop and 20 seats outside and are open from 8:45 in the morning until 7:30 in the evening. On a sunny day like today, it's a great idea to sit outside and spend some relaxing time with friends over a cup of coffee and munch on your favorite bagel, Yuta.

Yuta: Thank you, Hanako. But I'm not sure about bagels. I prefer traditional Japanese *soba* or *udon* noodles for lunch.

30

Yuta:	Let's wrap up the news we have presented to-day.
Yukimi:	The Japanese symbolic mountain, Mt. Fuji, was registered as a World Cultural Heritage site.
Ken:	Another random gun shooting happened in the United States, where five people were killed.
Yuta:	In sports news, Japan became the first country to qualify for next year's World Cup.
Hanako:	Finally, in our university news, a new café opened on campus, which attracts many students with its bagels.

31

Yuta:	That's all for the News Digest for June. Thank you for watching and see you next month. Until then, …
All:	… good-bye.

❸ PLAN THE PROJECT

グループを作り、以下の事項を話し合いで決めながら、例のような企画書を Word で作成しましょう。

☐ グループを作る：４人で１グループを構成する。

☐ リーダーとアンカーを決める。

　・リーダー：プロジェクトの発表が終わるまで、グループのまとめ役を務める。

　・アンカー：番組の進行役であり、同時に、自らもニュースをひとつ伝える。

☐ ４つのニュースを決める（下の表に記入）。

	ヘッドライン	担当
Domestic News		
International News		
Sports & Entertainment		
XXX University News		

□ それぞれのニュースの担当者を決める（左ページの表に記入）。

□ 全体の構成（ニュースの順番など）を決める。

□ 時間配分を決める。

□ それぞれの担当者は、下の例を参考に、自分のニュースのリード（ニュースの概要を１、
２行で伝える冒頭の部分）を作る。

例：サンプル・プレゼンテーションのブロック１８より

There was a game of the World Cup Asian qualifiers between Japan and Australia.
With this game, Japan became the first to qualify for the 2014 World Cup.

注意：リードは、アンカーがそれぞれのニュースを紹介する際に使う。

企画書の例

MBS NEWS DIGEST
(GROUP 2)

YUKIMI YAMAMOTO（山本由紀美）:LEADER　　HANAKO TANAKA（田中花子）
YUTA NOMURA（野村勇太）:ANCHOR　　KENTARO SUZUKI（鈴木健太郎）

	ヘッドラインとリード	担当	時間
OPENING	GREETING / HEADLINES (Lead 1)	野村勇太	0'30"
NEWS 1 Domestic	Headline: Mt. Fuji Registered as a World Heritage Site Mt. Fuji was at last registered as a World Heritage site.	山本由紀美	2'00"
	TRANSITION (Lead 2)	野村	0'15"
NEWS 2 International	Headline: Gun Shooting Again in the U.S. Another tragedy by a gun shooting happened in the United States.	鈴木健太郎	2'00"
	TRANSITION (Lead 3)	野村	0'15"
NEWS 3 S & E	Headline: Japan Becomes First to Qualify for World Cup There was a game of the World Cup Asian qualifiers between Japan and Australia. With this game, Japan became the first to qualify for World Cup.	野村	2'00"
	TRANSITION (Lead 4)	野村	0'15"
NEWS 4 Toto Univ.	Headline: New Café Opens on Campus A new café opened on campus a week ago.	田中花子	2'00"
	TRANSITION	野村	0'15"
ENDING	WRAP-UP / GREETING	山本／全員	0'30"

❹ LEARN THE LANGUAGE

サンプル・プレゼンテーションからの語彙・表現を自己の原稿作成に活用しましょう（カッコ内の数字は、その表現が使われているブロックの番号）。

1	<u>The first news is about</u> Mt. Fuji, which was at last registered as a World Heritage site. Yukimi Yamamoto <u>has this story</u>.　(3) Kentaro Suzuki <u>has more</u>.　(9) <u>Now</u>, international news.　(9) <u>Now, we go on to</u> Sports　(18)	アンカーがニュースを紹介する表現。The first news is about ...（最初のニュースは ... についてです） アンカーからレポーターに替わるときは、... has this story.（... がお伝えします）、... has more.（... が詳細をお伝えします） ふたつ目以降の紹介には、Now, ...（さて今度は、...）、Now, we go on to ...（さて、引き続いて ...）が使えます。
2	... for future generations, <u>Yuta</u>.　(8)	レポーターからアンカーに戻るときの表現。レポートの最後にアンカーの名前を言って入れ替わるのがスマート。
3	I couldn't agree with you more.　(8)	アンカーの一言コメントの例。「全く同感です」
4	... five people <u>were killed</u> and five others <u>(were) wounded</u>.　(10)	「死傷者」を伝える表現。be killed, be wounded といずれも受身です。
5	<u>According to</u> city police, the gunman was...　(12)	情報の出所を述べるときに使えます。According to ...（... によると）
6	It was <u>in the 37th minute of the second half</u> that...　(21)	「後半 37 分に ...」といったスポーツ報道の表現。
7	Honda <u>said</u>, "I really felt the pressure. ..." "...so it's a relief to ...," the manager <u>added</u>. (22)	say や add（更に述べる）を使って、直接話法で関係者本人の言葉を組み入れると、ニュースが生き生きしてきます。
8	It <u>has become</u> one of the most popular places...　(26)	ここ一番で「完了、経験、継続、結果」の現在完了時制も使ってみましょう。ここでは「結果」を表しています。
9	Let's <u>wrap up</u> the news we have presented today.　(30)	「まとめ」をするときの表現。wrap up ...（... をまとめる）
10	<u>That's all for</u> the News Digest for June.　(31)	締めくくるのに使えます。That's all for ...（以上 ... でした）

ニュースでは Where, When, Who, What を最初に

例) In front of 62 thousand fans at Saitama Stadium on June 4th, Japan tied Australia 1-1 and became the first country to qualify for next year's World Cup. (サンプル・プレゼンテーションのブロック 19 より)

ニュースのような「情報伝達」のプレゼンテーションでは、最初の文（または段落）に、Where, When, Who, What の要素を入れるようにしましょう。How と Why は、その後の詳細を伝える部分で言及していきます。

Project 2

❺ WRITE YOUR SPEECH

☐ 原稿の語数を決める

企画書を基に、各自が担当する原稿の語数を決めます。割り当てられた時間から 1 秒につき 2 〜 2.5 語を目安に算出してください。

語数：2 - 2.5 words/ 秒

2 words/ 秒：　ゆっくり派
2.5 words/ 秒：内容充実派

例：2 分（120 秒）→ 240 〜 300 語

	項目	担当	時間	語数
OPENING	GREETING / HEADLINES (Lead 1)			
NEWS 1				
	TRANSITION (Lead 2)			
NEWS 2				
	TRANSITION (Lead 3)			
NEWS 3				
	TRANSITION (Lead 4)			
NEWS 4				
	TRANSITION			
ENDING	WRAP-UP / GREETING			

☐ 原稿を書く（Word で）

サンプル・プレゼンテーションの New Café Opens on Campus（ブロック 24, 25, 26）を参考に、段階的に原稿を作成しましょう。

第1段階：項目（トピック） → 要点（キーワード）

> New Café → ①先週オープン、②松野記念館１階、③人気の場所、
> 　　　　　 ④ベーグルの種類が豊富

第2段階：要点（キーワード）＋α→ キー英文
キーワードの周辺に語句を加えてキーとなる英文を作る

> ① 先週オープン → A new café **opened** only **a week ago**.
> ② 松野記念館１階 → It is located on **the 1st floor of the Matsuno Memorial Hall**.
> ③ 人気の場所 → It has become one of the most **popular places** on campus.
> ④ 特徴：ベーグルの種類が豊富 → There's one thing here that you can't find at other places — **a wide variety of bagels.**

第3段階：キー英文 ＋α → パラグラフ
キーとなる英文の周辺に文を加えてパラグラフにする

> ① Today, I'm going to talk about our **new café** on campus that **opened only a week ago**. It's called Sakura Café. If you want a quick bite or some good coffee before or after class, and if you are a bagel fan, this is surely the place to go.
>
> ② Sakura Café, **located on the 1st floor of the Matsuno Memorial Hall**, now attracts more than 300 students each day. **It has become one of the most popular places on campus** for students to relax. It offers coffee, tea, soft drinks, sandwiches and so on, just like any other café. But **there's one thing here that you can't find at other places — a wide variety of bagels**.

HOMEWORK
☐ 原稿をひと通り書き上げる（原稿の最後に語数を記す）。
☐ スライド作成のための写真やイラストなどを探す。

英語のニュース番組を見よう！

下に紹介するテレビやインターネット上のニュース番組を見て、話し方や演出、スライ
ド作成のヒントを探しましょう（見たものに☑を記す）。

- ☐ NHK World News
  http://www3.nhk.or.jp/nhkworld/
- ☐ アメリカ ABC ニュース
  http://abcnews.go.com/
- ☐ イギリス BBC ニュース
  http://www.bbc.com/
- ☐ NHK ニュース（日本語のニュースも参考になる）
  http://www3.nhk.or.jp/news

Project 2

Step 2 CHECKING YOUR DRAFT & MAKING SLIDES

プロジェクトの第2回目の準備を行います。原稿を点検し、各自が担当する部分のスライドを作成します。

❶ CHECK YOUR DRAFT

☐ 原稿の量（語数）の点検：「2〜2.5 words/ 秒」になっているか。

☐ リードはニュース全体の内容を伝えているか。

☐ Where, When, Who, What が最初に言われているか。

☐ 「プレゼンテーション点検・評価シート」で SPEECH MESSAGE を点検する。

点検・評価　項目	評　価	コ　メ　ン　ト
1. SPEECH MESSAGE	1 2 3 4 5	
1) Plain English	1 2 3 4 5	
2) Rhetorical Questions	1 2 3 4 5	
3) Logical	1 2 3 4 5	
4) Interesting (Funny)	1 2 3 4 5	
2. VISUAL MESSAGE (Slides)	1 2 3 4 5	
1) Key Words / Numbers	1 2 3 4 5	
2) Enumeration	1 2 3 4 5	
3) Images (Photos, Illustrations)	1 2 3 4 5	
4) Charts / Graphs	1 2 3 4 5	
3. PHYSICAL MESSAGE	1 2 3 4 5	
1) Voice Inflection	1 2 3 4 5	
2) Eye Contact	1 2 3 4 5	
3) Hands (Pointer)	1 2 3 4 5	
4) Posture	1 2 3 4 5	

Point **今回の SPEECH MESSAGE のポイント：簡潔・明瞭**

☐ Plain English: 難しい単語を使っていないか。

☐ Plain English: 1文が長すぎないか。

❷ MAKE SLIDES

☐ 全体のスライドの構成：全体と部分

グループ内のメンバーは、全体と各自が担当する部分の両方を考えながら作業を進める。

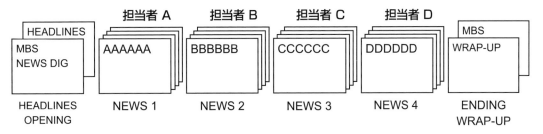

☐ 作業を始める前にグループ内でスライドのデザインを統一する。

☐ 各自が担当する部分のスライドを作成する。

☐ 今回の工夫、および、注意点を確認する。

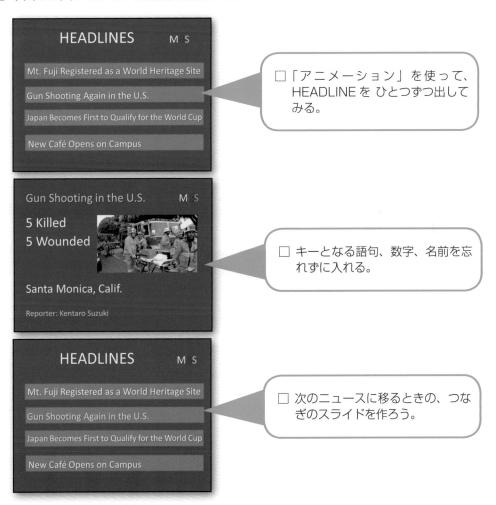

■ アニメーションの設定

文字などに動き（アニメーション）の効果をつけます。

① 効果をつけたい箇所を選択する。

② ［アニメーション］の中から利用するアニメーションを選ぶ。

③ キーワードにはアニメーションの番号が表示される。

④ 同様の操作で他のキーワードにもアニメーションが追加される。

■ 図形の利用

四角、円、三角、矢印などさまざまな図形をスライド上に使ってみましょう。

① ［挿入］→［図形］のボタンをクリック。

② プルダウンメニューから図形を選択（クリック）する。

③ スライド上をドラッグして作成する。

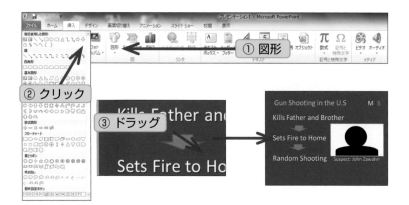

■ 写真の上に文字

写真を貼りつけたために隠れた文字を写真の上に移動するためには、写真を右クリック→［最背面へ移動］をクリックすると隠れた文字が上に現れます。

③ REVISE YOUR DRAFT

スライド作成によって生じた原稿の追加や削除、書き換えを適宜行いましょう。

HOMEWORK
□ 各自がスライドを完成させる。
□ BGM 用の音楽を準備する（Opening や Ending、その他用）。
　　ネット上で探す場合の検索キーワード：「音楽」、「ファイル」、「mp3」、「無料」

Column Column Column Column Column

チャンクを意識した読み

ニュースキャスターが原稿を読む速度は、アメリカの ABC やイギリスの BBC では、1分間に約 180 words（秒速 3 words）です。このような速度で読んでも伝わるのは「チャンクを意識した読み」をしているからです。「チャンク」とは「意味を成す語句のまとまり」です。ひとつの「チャンク」は一息で読みます。チャンクの区切れには極短なポーズを入れます。こうすることで、聞き手の理解を助けます。下の原稿で練習してみましょう。スラッシュ（/）を入れたところが「チャンク」の区切れる所です。

The U.N. Educational, Scientific and Cultural Organization, or UNESCO, / finally accepted the request from Japan / and registered Japan's highest mountain / as a World Cultural Heritage site. It was officially announced / after the meeting of the World Heritage Committee / held earlier this week, / which made the mountain / Japan's 13th World Cultural Heritage site. （サンプル・プレゼンテーションのブロック4より）

GETTING THINGS DONE & REHEARSING

プロジェクトの第３回目の準備を行います。各自のスライドを点検し、その後、グループとしてひとつのファイルにまとめます。音楽を入れ全体を仕上げて、リハーサルを行います。

❶ CHECK YOUR SLIDES

各自のスライドを以下の要領で点検しましょう。

☐ スライドの枚数は少なくないか（15 〜 30 秒に１枚）。

☐ スライド上の文字は多くないか。

☐ 文字は見えにくくないか（フォントサイズ：32 以上）。

☐ 「プレゼンテーション点検・評価シート」で VISUAL MESSAGE を点検する。

点 検・評 価　項 目	評　　価	コ　メ　ン　ト
1. SPEECH MESSAGE	1　2　3　4　5	
1) Plain English	1　2　3　4　5	
2) Rhetorical Questions	1　2　3　4　5	
3) Logical	1　2　3　4　5	
4) Interesting (Funny)	1　2　3　4　5	
2. VISUAL MESSAGE (Slides)	1　2　3　4　5	
1) Key Words / Numbers	1　2　3　4　5	
2) Enumeration	1　2　3　4　5	
3) Images (Photos, Illustrations)	1　2　3　4　5	
4) Charts / Graphs	1　2　3　4　5	
3. PHYSICAL MESSAGE	1　2　3　4　5	
1) Voice Inflection	1　2　3　4　5	
2) Eye Contact	1　2　3　4　5	
3) Hands (Pointer)	1　2　3　4　5	
4) Posture	1　2　3　4　5	

Point **今回の VISUAL MESSAGE のポイント：簡潔・明瞭**

☐ Key Words / Numbers：キーとなる名前、数字は落ちていないか。

☐ Images (Photos, Illustrations)：ふんだんに使っているか。

❷ MAKE A GROUP FILE

グループ内のそれぞれ（4人）が準備したスライドをつなぎ合わせ、ひとつのファイルにします。

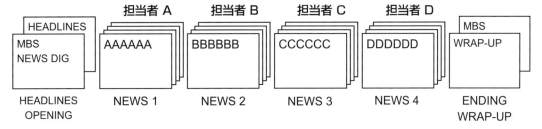

担当者 A　担当者 B　担当者 C　担当者 D

HEADLINES
MBS
NEWS DIG

AAAAAA　BBBBBB　CCCCCC　DDDDDD

MBS
WRAP-UP

HEADLINES
OPENING　NEWS 1　NEWS 2　NEWS 3　NEWS 4　ENDING
WRAP-UP

PowerPoint の操作　DVD

■ スライドをひとつにまとめる

Yuta と Yukimi のスライドをひとつのファイルにまとめます。まず Yuta のスライドを開きます。

Yuta のスライド

Yukimi のスライド

① ［ホーム］→ ［スライド］→ ［新しいスライド］の ▼ ボタンをクリック。

② プルダウンメニューから ［スライドの再利用］をクリック。

③ 作業ウィンドウが表示されるので ［参照］→ ［ファイルの参照］をクリック。

④ Yukimi のファイルを選ぶ。

① クリック
② クリック
③ クリック
④ ファイル選択

⑤ Yukimi のスライド一覧から、追加するスライドをひとつずつ選ぶ。

⑥ スライドが追加される。

⑦ Hanako と Kentaro のファイルも同様に作業ウィンドウへ呼び出し、スライドごとに追加を行う。

❸ ADD MUSIC

Opening や Ending、その他に音楽を入れましょう。

PowerPoint の操作

■ 音楽の追加

スライドの中に音楽を仕込みます。

① ［挿入］→［オーディオ］→［ファイルからオーディオ］→ 使いたい音楽のファイルを選ぶ（クリック）と音楽が追加される。

② ［アニメーション］→［アニメーションウィンドウ］→ アニメーションウィンドウから音楽のファイルを右クリック →［効果のオプション］で再生の開始や再生の中止を設定できる。

・ PowerPoint に音楽を追加しても、音楽ファイルのサイズが大きすぎた場合、PowerPoint のファイルが同じ場所（同じ USB メモリ内）にないと再生できない可能性があります。発表前に必ず確認しましょう。

- PowerPoint で再生できない音楽ファイルがあります。再生が可能な音楽ファイルとして、次の３つの種類の利用を推奨します。

  mp3: 一般的な音声圧縮ファイルの種類。最小限の音質低下で約 1/10 に圧縮。
  wma: Windows 用に圧縮されたファイルの種類。音質・圧縮も mp3 と同程度。
  wav: 圧縮せず音声をデジタル化した種類。音質の劣化がないが、容量が大きい。

❹ MAKE A HANDOUT

今回は「番組案内」の体裁で、以下の要領に従い配布資料を作成しましょう。

☐ Word で作成した企画書を基に、上書きする要領で作る。
☐ グループ情報（グループ名、メンバーの氏名、リーダー、アンカー）を記載する。
☐ １ページに収める。

企画書

配布資料

Group 5 ....

MBS News Digest

1. Headline
   Lead ....
2. Headline
   Lead ....
3. Headline
   Lead ....
4. Headline
   Lead ....

❺ REHEARSE

グループ内で、以下の要領に従いリハーサルを行いましょう。

☐ 各自が担当する箇所のスライドをノートモードで印刷する（p.35 参照）。
☐ アンカーとレポーターの立ち位置や入れ替わりなどを意識して練習する。
☐ 音楽のボリュームとタイミングをチェックする。
☐ タイムキーパーの練習も徹底して行う。次の TIME MANAGEMENT（GROUP）を参照。
☐ 原稿を見ながらも「プレゼンテーション点検・評価シート」の PHYSICAL MESSAGE を意識して行う。

点検・評価　項目	評　　価	コ　メ　ン　ト
1. SPEECH MESSAGE	1　2　3　4　5	
1) Plain English	1　2　3　4　5	
2) Rhetorical Questions	1　2　3　4　5	
3) Logical	1　2　3　4　5	
4) Interesting (Funny)	1　2　3　4　5	
2. VISUAL MESSAGE (Slides)	1　2　3　4　5	
1) Key Words / Numbers	1　2　3　4　5	
2) Enumeration	1　2　3　4　5	
3) Images (Photos, Illustrations)	1　2　3　4　5	
4) Charts / Graphs	1　2　3　4　5	
3. PHYSICAL MESSAGE	1　2　3　4　5	
1) Voice Inflection	1　2　3　4　5	
2) Eye Contact	1　2　3　4　5	
3) Hands (Pointer)	1　2　3　4　5	
4) Posture	1　2　3　4　5	

■ TIME MANAGEMENT (GROUP)

所定の時間内にグループ内のメンバーが全員発表できるように、以下の要領で時間管理をしてください。

・ グループ内のメンバーで手の空いている者が交代しながら時間管理をする。
・ そのために、下のようなフリップ・カードを2枚準備する。
・ 各自の持ち時間終了の30秒前になったら「30」のカードをスピーカーに示す。
・ 各自の持ち時間が終了したら「NEXT」のカードを示す。

30　　　　NEXT

・ 「NEXT」のカードが示されたら、スピーカーは即座に次のスピーカーに替わることをグループ内で固く約束しておく。
・ 立ち位置：MC（Project 2ではアンカー）、スピーカー、タイムキーパー、控えのスピーカーは次のような立ち位置で発表する。

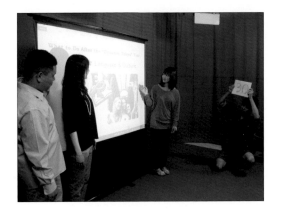

HOMEWORK

□ 「スライドとノート」を持ち歩きながら、1週間で自分のことばにする。

□ 時間を計り、話す速度を調整する。

□ 「スライドとノート」のスライドの部分だけを見ながら、英語がスムーズに
　 出てくるようになるまで練習する。

□ PHYSICAL MESSAGE を意識して、仕上げる。

Project 2

Step 4 | GIVING A PRESENTATION

プロジェクトの発表を行います。直前の準備と確認、プレゼンテーション、そして、プレゼンテーションの自己評価をしましょう。

❶ MAKE LAST-MINUTE PREPARATIONS

以下をプレゼンテーションの事前に、準備、または、確認しましょう。

□ 配布資料（　　部）
□ 発表の順番（　　番目）
□ 機材：PC（音）、スクリーンの位置、マイク、ポインターなど
□ 立ち位置

---

❷ GIVE A PRESENTATION

グループの全員が時間内に発表できるように、しっかりと時間管理をしましょう。

❸ GET FEEDBACK

発表直後、次のグループが準備をしている間に、先生やクラスメートからコメントをもらいましょう。

❹ EVALUATE YOUR PERFORMANCE

「プレゼンテーション点検・評価シート」で、自己評価してみましょう。

点検・評価　項目	評　　価	コ　メ　ン　ト
SPEECH MESSAGE	1　2　3　4　5	
1) Plain English	1　2　3　4　5	
2) Rhetorical Questions	1　2　3　4　5	
3) Logical	1　2　3　4　5	
4) Interesting (Funny)	1　2　3　4　5	
VISUAL MESSAGE (Slides)	1　2　3　4　5	
1) Key Words / Numbers	1　2　3　4　5	
2) Enumeration	1　2　3　4　5	
3) Images (Photos, Illustrations)	1　2　3　4　5	
4) Charts / Graphs	1　2　3　4　5	

PHYSICAL MESSAGE	1 2 3 4 5	
1) Voice Inflection	1 2 3 4 5	
2) Eye Contact	1 2 3 4 5	
3) Hands (Pointer)	1 2 3 4 5	
4) Posture	1 2 3 4 5	

HOMEWORK

Project 3: Promoting Your Vacation Plans の事前準備をしてください。

□ 大学生の長期休暇の有効な過ごし方を考える。

□ ひとに勧められるように説得材料を考える。

□ お金はないが、若さ、体力、時間があるゆえにオススメできるプランを考える。

□ アイディアを２、３ノートに書いて、次の授業に持参する。

□ サンプル・プレゼンテーションをビデオ映像で見る。

PROMOTING YOUR VACATION PLANS

長期休暇の過ごし方を企画・提案する

自分（たち）のアイディアをもとに企画し、それを提案することは、ビジネスでは
もちろん、社会生活一般においても重要な活動です。Project 3 では、学生向けに
長期休暇を有意義に過ごすためのプランを企画・発表し、「提案（説得）」するプレ
ゼンテーションの技術を身につけます。

学習事項

ENGLISH SKILLS

- 自分たちの企画を英語で推し進めることができる。
- 企画のためのリサーチを英語で行うことができる。
- プロモーション（説得）のための英語の語彙や表現に慣れる。
- グループでまとまった内容を英語で伝えることができる。

PRESENTATION SKILLS

- 「提案（説得）」のためのプレゼンテーションができる。
- グループによるプレゼンテーションの準備と発表ができる。
- イラスト・写真、表、フローチャートを効果的に使える。
- 印象的な「チラシ」を作ることができる。
- 音楽（BGM）を効果的に使える。

Step 1 ORGANIZING & WRITING YOUR SPEECH

プロジェクト "PROMOTING YOUR VACATION PLANS" の内容と準備の要領を理解し、それに基づいて第1回目の準備を行います。

プロジェクト "PROMOTING YOUR VACATION PLANS"

以下の内容と要領で準備し、プレゼンテーションを行います。

PROJECT 3: PROMOTING YOUR VACATION PLANS

設定：イベント企画会社

目的：学生向け長期休暇用プランを企画し売り込む
　　　1）休暇を有意義に過ごしてもらう
　　　2）安価な費用で充実した内容を提案する
　　　3）プランを実行したいと感じてもらう

形態：グループ（4人）

時間：10分

準備：3回の授業とHOMEWORKで準備する
　　　Step 1：サンプルを見る、語彙・表現を学ぶ、原稿を書く
　　　Step 2：原稿を点検する、スライドを作成する
　　　Step 3：配布資料を作る、リハーサルを行う

---

1 LEARN FROM THE SAMPLE VIDEO

サンプル・ビデオを見ながら内容について次の欄にメモを取り、提案（説得）のプレゼンテーションの構成や発表の要領を学びましょう。

THEME	
POINT 1	
POINT 2	
POINT 3	
GENERAL IMPRESSION	

Project 3

❷ LEARN FROM THE SAMPLE SCRIPT

サンプル・プレゼンテーションのスクリプトを読みながら、使えそうな語彙・表現に印をつけ、自己の原稿作成のヒントにしましょう。

1

****

MC: Hello, everyone. I'm Hiromi Sato, MC of this presentation.

Ryoko: And I'm Ryoko Suzuki.

Takuya: Takuya Kido.

Ken: I'm Ken Ito.

MC: Today, we are going to propose how to create a global network through...

2

****

...an exciting full day tour using Hato Bus! Hato Bus offers many full day tours conducted in English and we have chosen one of the tours named...

All: ...the "Dynamic Tokyo"!

Ryoko: Taking the "Dynamic Tokyo" tour will help you create a global network with non-Japanese people visiting Tokyo.

Takuya: Yes, and you can also improve your English skills.

Ken: And, what is more, this experience will surely make your vacations exciting.

MC: Exactly. So let us show you our plan.

3

First, we will tell you what to do before you take the "Dynamic Tokyo" bus tour. Next, we will show you what to do on the day of the tour, and then what to do after the tour. Through this presentation, we will give you some tips for creating a global network and improving your English skills. Well, are you ready, everyone?

All: Yes!

MC: Now, Ryoko will tell you what to do before the "Dynamic Tokyo" tour. Ryoko?

4

Ryoko: OK. I recommend that you do three things before the tour. First of all, get basic information about the tour on the Hato Bus website. Basic information will include fares, estimated time, meals, and sightseeing spots. Second, study the sightseeing spots. And third, make business cards to hand out to other participants. When you do these things, try to use...

All: English!

Ryoko: Yes. As much as possible to improve your reading and writing skills in English. Now, let me explain each thing in detail.

5

First, get basic information. According to the Hato Bus website, the "Dynamic Tokyo" tour costs 12,000 yen. Though you can travel around Tokyo by yourself at a lower cost, there are only a few chances to make friends with people from abroad that way. The tour takes about eight hours, from 9:00 a.m. to 5:10 p.m. Lunch is included in the plan. You will visit six popular sightseeing spots: Tokyo Tower, Happo-en, Chinzan-so, the Nijubashi Bridge at the Imperial Palace, Sumida River, and Senso-ji Temple.

****

6

Ryoko: Next, study the six sightseeing spots. There are two main ways to learn about them: reading websites about the spots and reading guide books in English. But, we would recommend...

All: Guide books!

Ryoko: ...because they cover much of the information that non-Japanese people would like to know, including Japanese points of view and Japanese language tips. Here are three resources you may find helpful as you learn about Tokyo: *Lonely Planet, Getting Around Tokyo,* and *Insight Guides.* These are all around 2,000 yen.

****

7

Finally, make your own business cards. The cards will surely be helpful for you to make friends with other people taking the tour. If you use Printsta (www.printsta.jp), you can buy business cards at a reasonable cost. How much?

All: One hundred ninety yen for 100 cards.

Ryoko: That is, 1.9 yen a card! And, also, the shop will ship your cards the same day if you order by 2:00 p.m. On the business card, you should include information such as your email address and ID on social networking services so that your friends can contact you easily after the tour.

MC: Thank you, Ryoko. Now you know you will need a lot of preparation for this tour, but we are confident in saying, "Good preparations bring about good results." Next, Takuya?

8

What to Do On the Day of the "Dynamic Tokyo" Tour

Listen to Your Tour Guide

Make Friends

Takuya: Hello, I'm Takuya, again. Next, we will tell you what to do on the day of the "Dynamic Tokyo" tour. You can do two things during the tour. First, listen to your tour guide, and, second, make friends with non-Japanese people. When talking about the first point, we will also show you the course of the tour. Let's begin with the first point.

9

What to Do On the Day of the "Dynamic Tokyo" Tour

Listen to Your Tour Guide

You can learn...
■ how to introduce each spot
■ how to entertain people
■ how to care about people

Make Friends

in English!!!

Listen to your tour guide. The "Dynamic Tokyo" tour is basically for tourists from other countries, so everything will be conducted in English. If you listen to the tour guide carefully, you can learn how to introduce each spot, how to entertain people, and how to care about people in...

All: English!

Takuya: Exactly. So you can improve your English listening skills in one day! Now let me briefly show you the course of the "Dynamic Tokyo" tour.

10

What to Do On the Day of the "Dynamic Tokyo" Tour

Hamamatsucho Bus Terminal

1. Tokyo Tower

2. Happo-en

First, the participants will gather at Hamamatsucho Bus Terminal at 9:00 a.m. Then, everyone will go to see Tokyo Tower. On a clear day, you can see Tokyo Bay and Mt. Fuji from the observatory. After that, you will experience a traditional Japanese tea ceremony in a quiet little teahouse at Happo-en.

11

What to Do On the Day of the "Dynamic Tokyo" Tour

3. Chinzan-so

4. Imperial Palace Nijubashi Bridge

5. Sumida River

Next, try Japanese style barbeque on a stone grill at Chinzan-so. After lunch, you will see the Nijubashi Bridge at the Imperial Palace, surrounded by a beautiful moat and a variety of trees. Then, you will enjoy a boat trip on the Sumida River lasting around 40 minutes. You can enjoy the atmosphere of both historical and modern Tokyo.

12

What to Do On the Day of
the "Dynamic Tokyo" Tour

6. Senso-ji

Tokyo Station

Takuya: Senso-ji Temple is the last sightseeing spot of the "Dynamic Tokyo" tour. When you go through the Kaminarimon Gate, you can see one of the most famous Buddhist temples in Japan, Senso-ji. Finally, the bus will arrive at Tokyo Station. Its renovation was completed in 2012 and it's beautiful, especially when it's lit up at night. This is the course of the "Dynamic Tokyo" tour. Don't you think it's exciting?

13

What to Do On the Day of
the "Dynamic Tokyo" Tour

Listen to Your Tour Guide
■ talk to participants positively
■ hand out your business cards
■ guide in your own words

Make Friends

Through this exciting tour, you can make many friends from different cultures. We recommend that you talk to people positively in English, hand out your business cards so you can contact each other after the tour, and tell them about the sightseeing spots in your own words, using the knowledge you have gained from the guide books.

MC: Great! This tour can improve both your listening and speaking skills! Thank you, Takuya.

14

What to Do After the "Dynamic Tokyo" Tour

Write in a Diary

Contact Friends

Visit Friends

We have shown you what to do before the tour and what to do on the day of the tour, but the end of the tour doesn't mean the end of our plan, right, Ken?

Ken: Right. Even after the tour, you can learn a lot! We will show you three examples of what you can do after the tour. First, writing a diary entry of the tour day, second, contacting new friends, and third, visiting the friends abroad. Now, let's move on to the first point.

15

What to Do After the "Dynamic Tokyo" Tour

Write in a Diary
✿ Summarize the Tour
✿ Write What You Felt
✿ List What You Could/Couldn't Do

Contact Friends

Visit Friends

After the tour, you will have the chance to improve your English writing skills. Summarizing the tour, writing what you felt about the tour, and listing what you could do and couldn't do while using English. These things will no doubt increase your motivation for learning English. After writing a diary entry, you can ask someone to proofread it.

***

16

Ken: What you can do next is write emails to your new friends. Contacting each other would help you improve your writing skills. Sometimes they might kindly correct your English and sometimes you could teach them some Japanese expressions in English. Moreover, if you are interested in the country the friend lives in, you can also ask what you would like to know. Using social networking services is another good way to keep in touch with your new friends. Compared to writing emails, it might be an easier and more casual way for you and your friends to communicate.

***

17

If you succeed in making good and deep relationships with your friends, you might want to visit the country they live in. In the country, you must be able to study not only the English language but also the different culture. Gaining valuable experiences in a different country would help you create a wider global network, and would bring about a significant change in your life.

MC: Sounds great! Now, let us conclude our presentation.

***

18

We have recommended the following things.
· Getting basic information, studying the sightseeing spots, and making business cards before the "Dynamic Tokyo" tour.
· Listening to a tour guide, and making friends with non-Japanese people on the day of the tour.

· And, writing a diary entry about the tour, contacting new friends, and visiting the friends after the tour.

19

Total Cost	
Hato Bus tour	¥12,000
Guide book	¥2,000
Business cards	¥190
TOTAL	¥14,190

MC: So, if you choose our plan, you can enjoy traveling, studying English, and creating a global network at a reasonable cost! All you need to pay is... 12,000 yen for the Hato Bus tour, 2,000 yen for one of the guide books, and 190 for business cards. The total cost is...

All: 14,190 yen!

20

Come and Join Us!

MC: So why don't you consider our plan for your vacation and make a difference in your life! Thank you very much for your attention.

All: Thank you.

Project 3

❸ PLAN THE PROJECT

グループを作り、以下の事項を話し合いで決めながら、例のような企画書を Word で作成しましょう。

- ☐ グループを作る：4人で1グループを構成する。
- ☐ リーダーと MC を決める。
  リーダー：プロジェクトが終わるまで、グループのまとめ役を務める。
  MC：プレゼンテーションの進行役で、Opening、各スピーカーのつなぎ、Ending を担当する。
- ☐ ブレーンストーミングをし、テーマ、項目、要点を決める。
  各自が持参したアイディア（宿題）を出し合い、グループのテーマ、内容の項目（3、4項目）、さらに、各項目の要点を決める。
- ☐ それぞれの項目の担当者を決める。
- ☐ 全体の構成（項目の順番など）を決める。
- ☐ 時間配分を決める。

Promoting Your Vacation Plans
— Creating-a-Global-Network Plan with the "Dynamic Tokyo" —
(GROUP 4)

KEN ITO（伊藤健）:LEADER　　　　　HIROMI SATO（佐藤ひろみ）:MC
RYOKO SUZUKI（鈴木涼子）　　　　　TAKUYA KIDO（木戸拓也）

	項目と要点	担当	時間
OPENING	GREETING / OVERVIEW	佐藤ひろみ	1'20"
POINT 1	WHAT TO DO BEFORE THE"DYNAMIC TOKYO" TOUR 基本情報、観光名所についての学習、名刺作り	鈴木涼子	2'30"
	TRANSITION	佐藤	0'10"
POINT 2	WHAT TO DO ON THE DAY OF THE "DYNAMIC TOKYO" TOUR ガイドのリスニング、友人作り（スピーキング）	木戸拓也	2'30"
	TRANSITION	佐藤	0'20"
POINT 3	WHAT TO DO AFTER THE "DYNAMIC TOKYO" TOUR 日記（ライティング）、新しい友人に連絡、友人を訪問	伊藤健	2'00"
	TRANSITION	佐藤	0'10"
ENDING	WRAP-UP / GREETING	佐藤	1'00"
		Total	10'00"

❹ LEARN THE LANGUAGE

サンプル・プレゼンテーションからの語彙・表現を自己の原稿作成に活用しましょう（カッコ内の数字は、その表現が使われているブロックの番号）。

1	Today, we are going to <u>propose how to</u> create... (1)	今回のテーマ「提案する」に使える表現です。propose how to ～で「～の仕方を提案する」。
2	And, <u>what is more</u>, this experience will surely make your vacations exciting. (2) <u>Moreover</u>, if you are interested in the country...(16)	what is more, / moreover, は「さらに」と情報を追加するときの代表的な表現です。この他に、in addition, additionally, furthermore, といった表現もあります。
3	<u>First</u>, get basic information.　(5) <u>Next</u>, study the six sightseeing spots.　(6)	相手に行動の手順を指示する表現。順序の副詞（first, second, third, next, then など）の後に命令文で続けます。
4	I <u>recommend that you do</u> three things before the tour. (4) you <u>should</u> include information … (7)	recommend that S（人）+ 動詞の原形は「～することを S（人）にお勧めします」という意味で、提案するときの表現。 助動詞 should も提案するときに使えます。you should ～で「～するといいですよ」。「オススメ should」と覚えておきましょう。
5	...this experience will surely <u>make your vacations exciting</u>. (2)	make △ ～で「△を～の状態にする」という意味。
6	Though you can travel around Tokyo by yourself <u>at a lower cost</u>, … (5) …you can buy business cards <u>at a reasonable cost</u>. (7)	値段の表現。at を使います。 at a lower cost で「もっと安い値段で」、at a reasonable cost で「安い値段で」。
7	...<u>so that your friends can</u> contact you... (7) …hand out your business cards <u>so (that) you can</u> contact each other …(13)	～ so that S + can... で「S が ... できるように～」という意味。(13)のように that は省略されることが多い。
8	...<u>surely</u>...　(2)(7) ...<u>no doubt</u>...　(15)	「まちがいなく」という意味。話し手が内容に自信があるときに使うことができます。
9	<u>Compared to</u> writing emails, it might be an easier and more casual way...　(16)	比較の表現。compared to ～で「～と比べると」。
10	This tour can improve <u>both</u> your listening <u>and</u> speaking skills! (13) you must be able to study <u>not only</u> the English language <u>but also</u> the different culture. (17)	強調するこんな表現も使ってみましょう。both A and B（A と B 両方とも）。 not only A but also B（A ばかりでなく B も）。「～だけでなく ... も」という表現。

Project 3

英語表現アドバイス

you を主語にしても「偉そう」ではない

（例）…you should include information such as...
（サンプル・プレゼンテーションのブロック 7 より）

日本語では、主語を省略する傾向があります。「（私は）旅行に行きたい」「（あなたは）謝ったほうがいいよ」など、主語がなくても場面や話の流れから分かることが多いからです。しかし、英語では主語を明記することのほうが一般的です。特に、「説得」や「提案」のプレゼンテーションで聞き手に何かを伝えたいときには、"You should...", "You can...", "You will..." といった you を含む表現を使うことになります。日本人の感覚では少し偉そうな感じがしますが、親しい人に対してだけでなく、目上の人にも you を使うことができるのです。

❺ WRITE YOUR SPEECH

□ 原稿の語数を決める

企画書を基に、各自が担当する原稿の語数を決めます。割り当てられた時間から 1 秒につき 2 ～ 2.5 語を目安に算出してください。

語数：2 - 2.5 words/ 秒
2 words/ 秒： ゆっくり派
2.5 words/ 秒： 内容充実派

例：10 分（600 秒）→ 1200 ～ 1500 語

	項　目	担　当	時　間	語　数
OPENING	GREETING / OVERVIEW			
POINT 1				
	TRANSITION			
POINT 2				
	TRANSITION			
POINT 3				
	TRANSITION			
ENDING	CONCLUSION / GREETING			

□ 原稿を書く（Word で）

サンプル・プレゼンテーションを参考に、プランの内容を時系列に並べたり、展開しやすい流れを意識しながら、原稿を作成しましょう。

第1段階：大まかなプランを2〜4項目考える

> ① What to do before the tour → ② What to do on the day of the tour →
> ③ What to do after the tour

第2段階： 各プランの詳細を列挙し（ブレーンストーミング）、発表に使うものだけを選んでいく

> ① What to do before the tour → access the website of the guide, **get basic information**, **study the sightseeing spots**, practice speaking English with non-Japanese, **make business cards**, make an own guide book of the tour, go to English conversation school
>
> ② What to do on the day of the tour → **make friends with non-Japanese, listen to a tour guide**, guide like a tour guide, speak English as much as possible, take photos with the participants, sing English songs on the bus
>
> ③ What to do after the tour → call new friends, **visit friends**, make a report, **write in a diary, contact new friends**, write a letter, meet new friends again

第3段階： 選択した項目を、話を進めやすい順番に並べ、下線部にあるような Transition や Sequencer といったつなぎ言葉で項目をつないでいく

> ① What to do before the tour: **get basic information → study the sightseeing spots → make business cards**
> First, get basic information…. Next, study the six sightseeing spots…. Finally, make your own business cards….
>
> ② What to do on the day of the tour: **listen to a tour guide → make friends with non-Japanese**
> Let's begin with the first point. Listen to your tour guide…. Through this exciting tour, you can make many friends from different cultures….
>
> ③ What to do after the tour: **write in a diary, contact new friends, visit friends**
> Now, let's move on to the first point. After the tour, you will have the chance to improve your English writing skills…. What you can do next is write emails to your new friends…. If you succeed in making good and deep relationships with your friends, you might want to visit the country they live in.

Project 3

□ 原稿をひと通り書き上げる（原稿の最後に語数を記す）。
□ スライド作成のための写真やイラストなどを探す。

Column Column Column Column Column

ネイティブがプレゼンテーション上手とは限らない

　以前、このような英語のネイティブ・スピーカーのプレゼンテーションを見たことがあります。スライドには原稿の文章を貼り付けてあるだけ、その長文を端から端まで読み上げ、机の上に腕を組んで座り、聴衆へのアイ・コンタクトはなし。たとえ話の内容が立派であったとしても、プレゼンテーションとしては失敗です。

　日本語を母語とし、普段は問題なく話すことができても、プレゼンテーションを行う力があるかどうかはまったく別の問題です。同じように、英語を母語としている人が皆、プレゼンテーションが上手であるとは限りません。プレゼンテーションは技術です。準備を積み重ね、場をこなしていくことで上達していくものです。つまり、日本人であっても、ネイティブ以上の素晴らしいプレゼンテーションを行うことが充分に可能なのです。がんばってください。

CHECKING YOUR DRAFT & MAKING SLIDES

プロジェクトの第 2 回目の準備を行います。原稿を点検し、各自が担当する部分のスライドを作成します。

❶ CHECK YOUR DRAFT

☐ 原稿の量（語数）の点検：「2 〜 2.5 words/ 秒」になっているか。

☐ 「提案」の表現が適切に使えているか。

☐ 「プレゼンテーション点検・評価シート」で SPEECH MESSAGE を点検する。

点検・評価　項目	評　価	コ　メ　ン　ト
1. SPEECH MESSAGE	1　2　3　4　5	
1) Plain English	1　2　3　4　5	
2) Rhetorical Questions	1　2　3　4　5	
3) Logical	1　2　3　4　5	
4) Interesting (Funny)	1　2　3　4　5	
2. VISUAL MESSAGE (Slides)	1　2　3　4　5	
1) Key Words / Numbers	1　2　3　4　5	
2) Enumeration	1　2　3　4　5	
3) Images (Photos, Illustrations)	1　2　3　4　5	
4) Charts / Graphs	1　2　3　4　5	
3. PHYSICAL MESSAGE	1　2　3　4　5	
1) Voice Inflection	1　2　3　4　5	
2) Eye Contact	1　2　3　4　5	
3) Hands (Pointer)	1　2　3　4　5	
4) Posture	1　2　3　4　5	

Point

今回の SPEECH MESSAGE のポイント：説得力

☐ Rhetorical Questions: 聴衆に問いかけながら「説得」が行われているか。

☐ Logical:「説得」は序数詞（First, Second, …）やつなぎ言葉（and, but, moreover,）を利用して論理的に行われているか。

Project 3

❷ MAKE SLIDES

☐ スライドの構成：全体と部分

グループ内のメンバーは、全体と各自が担当する部分の両方を常に考えながら作業を進める。

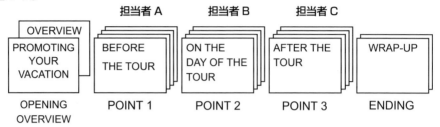

☐ 作業を始める前にグループ内でスライドのデザインを統一する。

☐ 各自が担当する部分のスライドを作成する。

☐ 今回の工夫、および、注意点を確認する。

10分に渡る長いプレゼンテーションのため、全体のうち、話し手がどこについて話しているのかをスライドに明示してみましょう。

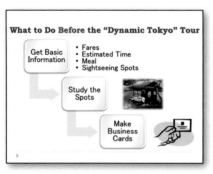

① まずはじめに、話す項目を列挙する。スライドの例では Main Points が3つになる。このとき SmartArt 機能などを利用して提示してみる。

② 以下のスライドで、SmartArt の一部を残し、左側など（位置はどこでもよい）で、今話している項目を強調してみよう。話していない項目の字を薄くするとよい。

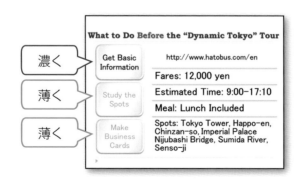

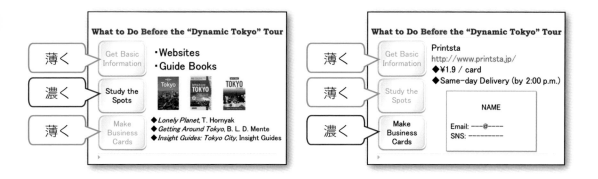

■ SmartArt の利用

SmartArt でサンプル・プレゼンテーションのブロック4や5のような「賢い」
スライドを作ります。

① [挿入] → [SmartArt] から呼び出す。

② 使いたい SmartArt を選ぶ（ダブルクリック）。

③ SmartArt が追加される。

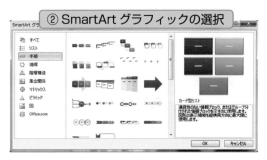

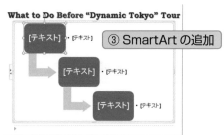

④ SmartArt は [SmartArt ツール] の [デザイン]、[書式] から編集ができる。

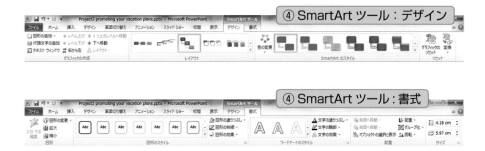

⑤ 文字を入力して完成。

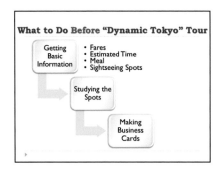

■ 表の追加

サンプル・プレゼンテーションのスライド19のようにスライドの中に表を作ります。

① ［挿入］→［表］をクリック。
② プルダウンで行数と列数を決定する。
③ 表が追加される。

④ 表は［表ツール］の「デザイン」と「レイアウト」から編集ができる。

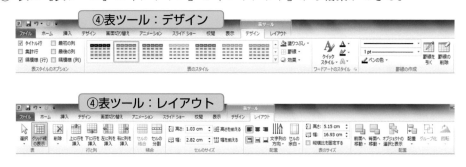

⑤ 文字を入力すると表が完成する。

Total Cost

Hato Bus tour	¥12,000
Guide book	¥2,000
Business cards	¥190
TOTAL	¥14,190

❸ REVISE YOUR DRAFT

スライド作成によって生じた原稿の追加や削除、書き換えを適宜行いましょう。今回の
プロジェクトでは特に以下の点に注意してください。

☐ MC とメンバーのかけあいが自然か。
☐ メンバーひとり当たりの原稿量に偏りがないか。

HOMEWORK

☐ 各自、スライドを完成させる。
☐ BGM 用の音楽を準備する。
　　ネット上で探す場合の検索キーワード：「音楽」、「ファイル」、「mp3」、「無料」

Column Column Column Column Column

発音に神経質にならなくて OK

プレゼンテーションでは、聴衆に伝わるように大きな声ではっきりと発声することが何
よりも大事です。単語の発音の正確さにはそれほど神経質になる必要はありません。た
とえば、日本人が苦手とする英語の発音として必ず挙げられるのが、rice（米）と lice（し
らみ）、love（愛する）と rub（こする）のような [l] と [r] の区別です。しかし、これら
の発音は、必ずしもネイティブ・スピーカーのような発音である必要はありません。日
本人が食生活の話をしていて [ライス] と発音しても、rice であることが文脈から正し
く理解されるからです。発音の訓練も大事ですが、まずは、ひとことでもふたことでも
多くの言葉を駆使し、大きな声ではっきりと伝えることに専念してください。

GETTING THINGS DONE & REHEARSING

プロジェクトの第3回目の準備を行います。各自のスライドを点検し、その後、グループとしてひとつのファイルにまとめます。音楽を入れ全体を仕上げて、リハーサルを行います。

❶ CHECK YOUR SLIDES

各自のスライドを以下の要領で点検しましょう。

☐ スライド上の文字は多くないか。

☐ 強調したい言葉が目立っているか。

☐ 色を使いすぎてうるさくなっていないか。

☐ 「プレゼンテーション点検・評価シート」で VISUAL MESSAGE を点検する。

点検・評価　項目	評　価	コ　メ　ン　ト
1. SPEECH MESSAGE	1　2　3　4　5	
1) Plain English	1　2　3　4　5	
2) Rhetorical Questions	1　2　3　4　5	
3) Logical	1　2　3　4　5	
4) Interesting (Funny)	1　2　3　4　5	
2. VISUAL MESSAGE (Slides)	1　2　3　4　5	
1) Key Words / Numbers	1　2　3　4　5	
2) Enumeration	1　2　3　4　5	
3) Images (Photos, Illustrations)	1　2　3　4　5	
4) Charts / Graphs	1　2　3　4　5	
3. PHYSICAL MESSAGE	1　2　3　4　5	
1) Voice Inflection	1　2　3　4　5	
2) Eye Contact	1　2　3　4　5	
3) Hands (Pointer)	1　2　3　4　5	
4) Posture	1　2　3　4　5	

Point **今回の VISUAL MESSAGE のポイント：説得力**

☐ Enumeration: PowerPoint の SmartArt 機能を効果的に利用しているか。

☐ Charts / Graphs: 旅程 (itinerary) や費用などはチャートなどで分かりやすく表現されているか。

❷ MAKE A GROUP FILE

グループ内のそれぞれ（4人）が準備したスライドをつなぎ合わせ、ひとつのファイルにします。

※ PowerPoint の操作（p.59 参照）

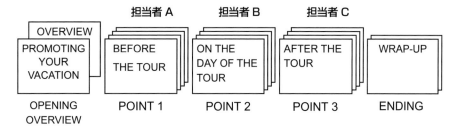

❸ ADD MUSIC

Opening や Ending、その他に音楽を入れましょう。

※ PowerPoint の操作（p.60 参照）

❹ MAKE A HANDOUT

今回は「チラシ」の体裁で、以下の要領に従い配布資料を作成してください。

□ 旅行代理店のチラシを参考に、PowerPoint で作成する。

□ 写真などを加え、イベントの楽しそうなイメージを演出する。

□ グループ情報（グループ名、メンバーの氏名、リーダー、MC）を記載する。

□ スライドを縦にして1枚に収める。

> **PowerPoint の操作**
>
> ■ スライドの向き
>
> スライドを縦にしてチラシ（配布資料）を作ります。
>
> ［デザイン］→［スライドの向き］から［縦］をクリック。

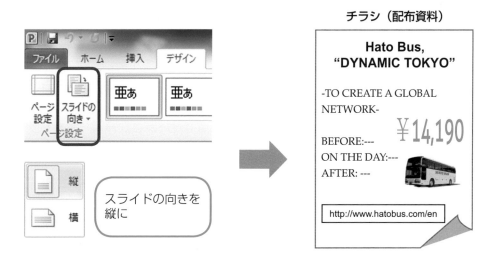

❺ REHEARSE

グループ内で、以下の要領に従いリハーサルを行いましょう。

- ☐ 各自が担当する箇所のスライドをノートモードで印刷する（p.35 参照）。
- ☐ 録画機能のある機器（スマートフォン、デジタルカメラなど）を積極的に利用する。
- ☐ MC とメンバーの立ち位置や入れ替わりなどを意識して練習する。
- ☐ タイムキーパーの練習も徹底して行う（p.62 参照）。
- ☐ 原稿を見ながらも「プレゼンテーション点検・評価シート」の PHYSICAL MESSAGE を意識して行う。

点検・評価　項目	評　価	コ　メ　ン　ト
1. SPEECH MESSAGE	1　2　3　4　5	
1) Plain English	1　2　3　4　5	
2) Rhetorical Questions	1　2　3　4　5	
3) Logical	1　2　3　4　5	
4) Interesting (Funny)	1　2　3　4　5	
2. VISUAL MESSAGE (Slides)	1　2　3　4　5	
1) Key Words / Numbers	1　2　3　4　5	
2) Enumeration	1　2　3　4　5	
3) Images (Photos, Illustrations)	1　2　3　4　5	
4) Charts / Graphs	1　2　3　4　5	
3. PHYSICAL MESSAGE	1　2　3　4　5	
1) Voice Inflection	1　2　3　4　5	
2) Eye Contact	1　2　3　4　5	
3) Hands (Pointer)	1　2　3　4　5	
4) Posture	1　2　3　4　5	

HOMEWORK

- ☐ 「スライドとノート」を持ち歩きながら、１週間で自分のことばにする。
- ☐ 時間を計り、話す速度を調整する。
- ☐ 「スライドとノート」のスライドの部分だけを見ながら、英語がスムーズに出てくるようになるまで練習する。
- ☐ PHYSICAL MESSAGE を意識して、仕上げる。

GIVING A PRESENTATION

プロジェクトの発表を行います。直前の準備と確認、プレゼンテーション、そして、プレゼンテーションの自己評価をしましょう。

❶ MAKE LAST-MINUTE PREPARATIONS

以下をプレゼンテーションの事前に、準備、または、確認しましょう。

☐ チラシ（配布資料）（　　部）
☐ 発表の順番（　　番目）
☐ 機材：PC（音）、スクリーンの位置、マイク、ポインターなど
☐ 立ち位置

❷ GIVE A PRESENTATION

グループの全員が時間内に発表できるように、しっかりと時間管理をしましょう。

❸ GET FEEDBACK

発表直後、次のグループが準備をしている間に、先生やクラスメートからコメントをもらいましょう。

❹ EVALUATE YOUR PERFORMANCE

「プレゼンテーション点検・評価シート」で、自己評価してみましょう。

点検・評価　項目	評　価	コ　メ　ン　ト
SPEECH MESSAGE	1　2　3　4　5	
1) Plain English	1　2　3　4　5	
2) Rhetorical Questions	1　2　3　4　5	
3) Logical	1　2　3　4　5	
4) Interesting (Funny)	1　2　3　4　5	
VISUAL MESSAGE (Slides)	1　2　3　4　5	
1) Key Words / Numbers	1　2　3　4　5	
2) Enumeration	1　2　3　4　5	
3) Images (Photos, Illustrations)	1　2　3　4　5	
4) Charts / Graphs	1　2　3　4　5	

PHYSICAL MESSAGE	1 2 3 4 5	
1) Voice Inflection	1 2 3 4 5	
2) Eye Contact	1 2 3 4 5	
3) Hands (Pointer)	1 2 3 4 5	
4) Posture	1 2 3 4 5	

HOMEWORK

Project 4: Introducing Japan の事前準備をしてください。

☐ 新聞、テレビ、インターネットなどで、「日本の魅力」に注目する。

☐ 外国人が日本のどのような点に魅力を感じるかを調べる（p.101 参照）。

☐ プロジェクトで取り上げたい「日本の魅力」を２、３ノートに書いて、次の
授業に持参する。

☐ サンプル・プレゼンテーションをビデオ映像で見る。

INTRODUCING JAPAN

日本の魅力を世界に紹介する

メイドインジャパンの製品は世界に浸透していても、日本そのものはあまり知られていません。Project 4 では、日本の魅力を世界に紹介し、広報（情報伝達）、宣伝（説得）するプレゼンテーションの技術を身につけます。

学習事項

ENGLISH SKILLS

● 日本の魅力を海外に英語で伝えることができる。
● そのためのリサーチを英語で行うことができる。
● 「日本」を説明する語彙や表現に慣れる。
● 楽しいトークが英語でできる。

PRESENTATION SKILLS

● 「情報伝達」＋「説得」のプレゼンテーションができる。
● グループによるプレゼンテーションの準備と発表ができる。
● グループでの楽しいトークができる。
● 効果的なスライドを作ることができる（日本的な演出）。
● 音楽（BGM）を効果的に使える。

ORGANIZING & WRITING YOUR SPEECH

プロジェクト "INTRODUCING JAPAN" の内容と準備の要領を理解し、それに基づいて第1回目の準備を行います。

プロジェクト "INTRODUCING JAPAN"

以下の内容と要領で準備し、プレゼンテーションを行います。

PROJECT 4: INTRODUCING JAPAN

設定： 学生が作る海外向けのTV番組 "Introducing Japan"

目的： 日本の魅力を世界に紹介し、より多くの海外の人々に

　　　　1) 日本のことを理解してもらう。

　　　　2) 日本のことに興味を持ってもらう。

　　　　3) 日本を訪れてみたいと感じてもらう。

形態： グループ（4人）

時間： 10分

準備： 3回の授業とHOMEWORKで準備する。

　　　　Step 1: サンプル・ビデオを見る、グループを作る、企画書を書く、
　　　　　　　　　語彙・表現を学ぶ、原稿を書く

　　　　Step 2: 原稿を点検する、スライドを作成する（個人）

　　　　Step 3: 4人のスライドをひとつのファイルにまとめる、音楽を入れる、
　　　　　　　　　配布資料（番組案内）を作る、リハーサルを行う

---

❶ LEARN FROM THE SAMPLE VIDEO

サンプル・ビデオを見ながら内容について次の欄にメモを取り、日本を紹介するプレゼンテーションの構成や発表の要領を学びましょう。

THEME	
POINT 1	
POINT 2	
POINT 3	
POINT 4	
GENERAL IMPRESSION	

❷ LEARN FROM THE SAMPLE SCRIPT

サンプル・プレゼンテーションのスクリプトを読みながら、使えそうな語彙・表現に印をつけ、自己の原稿作成のヒントにしましょう。

1

INTRODUCING JAPAN
WHAT TO SEE AND DO IN TOKYO

YUKIMI YAMAMOTO
YUTA NOMURA
HANAKO TANAKA
KENTARO SUZUKI

Tokyo

****

MC:	Hello, everyone, and welcome to the "Introducing Japan" program. I'm Yukimi Yamamoto, MC of the program.
Yuta:	And I'm Yuta Nomura.
Hanako:	Hanako Tanaka.
Ken:	Kentaro Suzuki.
MC:	Today, we are going to introduce you to … Tokyo!
Yuta:	Yes, Tokyo. It's one of the most exciting cities in Japan — and in the whole world, too.
Hanako:	Right. It's so huge and has so many things to see and do that you'll never get bored.
Ken:	Exactly. So, what we're going to do today is …

2

OVERVIEW

1. Tokyo: Basic Information
2. Tokyo Skytree
3. Tsukiji Fish Market
4. Transportation

MC: First, we'll give you some basic information about Tokyo. Then, we'll introduce to you two popular tourist attractions in Tokyo: the Tokyo Skytree, and the Tsukiji Fish Market. And some information about transportation will be added at the end. Are you ready, everyone?

All: Sure.

MC: First, Yuta will give you some basic information about Tokyo. Yuta?

3

1. TOKYO: BASIC INFORMATION

Politics

Economy   Culture

Tokyo

Yuta: All right. I wonder how much you know about Tokyo. This is a map of Japan, and Tokyo is located right here, in the eastern part of Honshu. It's the capital of Japan and the center of politics, the economy, and culture.

4

EVERYTHING HERE

National Government   Head Offices of Companies

13 Million

Shopping Cent   ges/Universities

We have everything here, from national government offices and the head offices of major companies and businesses to shopping centers and colleges and universities. About 13 million people live here. It's a really big city. I'm afraid you'll never know what to see first.

MC: Thanks, Yuta. But don't worry.

5

WHAT TO SEE AND DO

Tokyo Skytree   Tsukiji Fish Market

Today, we're going to introduce to you two places that we highly recommend visiting: the Tokyo Skytree and the Tsukiji Fish Market. They're both in the downtown area and easy to access. Hanako, could you tell us about the Tokyo Skytree, first?

6

2. TOKYO SKYTREE

World's Tallest: 634 m

Completed in 2012

Popular Attraction

Hanako: Of course. The Tokyo Skytree is the tallest tower in the world. Isn't it beautiful? It's 634 meters tall! It was completed in 2012, and it has become one of the most popular tourist attractions in Japan.

7

PANORAMIC VIEWS

Observation Decks

Mt. Fuji

ADMISSION
■ Adults: ¥ 2,000
■ Children: ¥ 900

tokyo-skytree.jp

***

Hanako: There are two observation decks in the tower, and you can enjoy wonderful panoramic views from there. You can see the whole of Tokyo, and if you're lucky with the weather, you'll even see Mt. Fuji, too. The admission is 2,000 yen for adults and 900 for children. For more information and reservations, visit the website: tokyo-skytree.jp. It has English pages as well as Japanese ones.

MC: Sounds great. Thanks, Hanako. I hope you're not scared of high places. Now, let us introduce you to the other exciting place. What was it?

***

8

3. TSUKIJI FISH MARKET

World's Largest

Auctions: 400 Kinds

300 Kg Maguro

Ken: Hi, I'm Kentaro, again. It's the Tsukiji Fish Market! Look at the picture. It's the world's largest fish market, and the auctions held there attract more than a hundred tourists every day. They handle over 400 different kinds of seafood, including 300-kg *maguro* or tuna!

***

9

SUSHI RESTAURANTS

Excellent Sushi at Reasonable Prices

http://www.tsukiji-market.or.jp/

And if you're hungry and like raw fish, there are nice sushi restaurants in the market. You can enjoy excellent sushi that you'll never be able to taste at any other place, and at reasonable prices! For more information, go to: tsukiji-market.or.jp. It has English pages, too.

MC: Thank you, Kentaro.

***

10

Tokyo

Now we have introduced two places, the Tokyo Skytree and the Tsukiji Fish Market. What do you think? Would you like to go to those places? No matter where you go, you will need transportation. Yuta has a little information about how to get around in Tokyo. Yuta?

11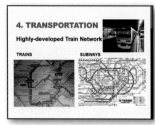

Yuta: Hello, again. Look at these two maps over here. They are train and subway systems in Tokyo. Tokyo has a highly-developed train network. You can go almost anywhere without taking a bus or a taxi. There are train and subway stations everywhere.

12

And if you have an IC card, called Suica, you can take any train or subway without having to bother to buy tickets each time.

13

One thing you have to be careful about, though, is rush hour. The trains are packed with commuters in the morning. You almost have to fight to get on them. But apart from that, transportation here is really convenient and comfortable.

MC: Yes, rush hour in Tokyo IS a real nightmare. You should try to avoid it if you can. Thank you, Yuta.

14

Now, let's review what we have talked about.
· Tokyo is an exciting city, having so many things to see and do.
· And we recommended the Tokyo Skytree and the Tsukiji Fish Market.
· You can enjoy superb views from the world's tallest tower, and in the Tsukiji Fish Market, you can have fun watching the auctions.
· As for transportation, it's very convenient and comfortable, except during rush hour.

What do you think about Tokyo now? Do you want to come? Well, thank you for watching our program, anyway. We'll see you again next week. Until then, …

All: … good-bye.

❸ PLAN THE PROJECT

グループを作り、以下の事項を話し合いで決めながら、例のような企画書を Word で作成しましょう。

☐ グループを作る：４人で１グループを構成する。
☐ リーダーと MC を決める。
　　リーダー：プロジェクトが終わるまで、グループのまとめ役を務める。
　　MC：番組の進行役で、Opening, レポーターのつなぎ、Ending を担当する。
☐ ブレーンストーミングをし、テーマ、項目、要点を決める。
　　各自が持参したアイディア（宿題）を出し合い、グループのテーマ、内容の項目（３、
　　４項目）、さらに、各項目の要点を決める。
☐ それぞれの項目の担当者を決める。
☐ 全体の構成（項目の順番など）を決める。
☐ 時間配分を決める。

企画書の例

WHAT TO SEE AND DO IN TOKYO
(GROUP 2)

YUTA NOMURA（野村勇太）:LEADER　　YUKIMI YAMAMOTO（山本由紀美）:MC
HANAKO TANAKA（田中花子）　　　　KENTARO SUZUKI（鈴木健太郎）

	項目と要点	担当	時間
OPENING	GREETING / OVERVIEW	山本由紀美	0'30"
POINT 1	BASIC INFORMATION OF TOKYO 首都、政治・経済・文化の中心、人口	野村勇太	2'00"
	TRANSITION	山本	0'15"
POINT 2	TOKYO SKYTREE 世界最高、2012 年完成、眺め、料金	田中花子	2'00"
	TRANSITION	山本	0'15"
POINT 3	TSUKIJI MARKET 世界最大、競り、マグロ、寿司屋	鈴木健太郎	2'00"
	TRANSITION	山本	0'15"
POINT 4	TRANSPORTATION OF TOKYO 発達した交通網、電車、地下鉄、SUICA、混雑	野村	2'00"
	TRANSITION	山本	0'15"
ENDING	WRAP-UP / GREETING	山本	0'30"

Project 4

❹ LEARN THE LANGUAGE

サンプル・プレゼンテーションからの語彙・表現を自己の原稿作成に活用しましょう（カッコ内の数字は、その表現が使われているブロックの番号）。

1	Today, we're going to <u>introduce you to Tokyo</u>! (1) Today, we're going to <u>introduce to you two places</u> that we highly recommend visiting (5)	「紹介する」表現。introduce A to B は「A を B（人）に紹介する」。左のように「A（人）を B（初めての事柄）に案内する」という使い方もあります。 ふたつ目の introduce to B A は「B（人）に A を紹介する」。A の部分が修飾語などを伴って長くなるときにはこの順番で。
2	Hanako, <u>could you tell us about</u> the Tokyo Skytree, first? (5)	MC がレポーターにつなぐときに使えます。「花子、まずは東京スカイツリーについて話していただけますか。」
3	...it has become one of <u>the most</u> popular tourist attractions in Japan. (6)	「最も ... な～」と言うときの表現。「日本で最も人気のある観光スポットのひとつになっています。」
4	<u>The admission is</u> 2,000 yen for adults and 900 for children. (7)	「入場料」に言及するときの表現。「入場料は大人が 2000 円で小人が 900 円です。」
5	For more information and reservations, <u>visit</u> the website: ... (7) For more information, <u>go to</u>: ... (9)	ウェブサイトを紹介するときに使えます。「詳しくはウェブサイト ... をご覧ください。」... の部分に URL を入れます。
6	Sounds great. (7)	MC がレポーターに「いいですねー」と同意するときに使えます。
7	Now, let us introduce you to ... (7)	「さて、今度は ... へ案内しましょう」と、次の項目に移るときに使えます。
8	<u>What do you think</u>? <u>Would you like to</u> go to those places? (10) <u>What do you think about</u> Tokyo now? (14)	「問いかけ」で使える表現。「どうですか？行ってみたいと思いますか？」「東京のこと、どうですか？」
9	...<u>you'll</u> ... (1) (4) You can enjoy ... (7) (9) You can go ... (11)	You'll ..., You can ... を使って、「どんなことになるか」、「どんなことができるか」を伝えます。
10	Now, we <u>have introduced</u> two places,... (10)	現在完了形を使って、今まで話してきた項目を「締めくくる」表現。「今まで 2 つの場所を紹介しました。」

英語表現アドバイス

日本特有のものを表現する

日本語 ＋ or 英語訳　（例）a *mikoshi* or a portable shrine

このプロジェクトでは、日本特有のものに言及することが多いでしょう。日本にしかないものは日本語で言わざるを得ません。例えば「みこし」です。Look at the picture. This is a *mikoshi*. のようになります。しかし、これだけでは *mikoshi* が何のことか伝わりません。そこで、or でつないで英語訳を加え、This is a *mikoshi* or a portable shrine. のように説明します。

❺ WRITE YOUR SPEECH

☐ 原稿の語数を決める

企画書を基に、各自が担当する原稿の語数を決めます。割り当てられた時間から1秒につき2〜2.5語を目安に算出してください。

語数：2 - 2.5 words/ 秒
2 words/ 秒：　ゆっくり派
2.5 words/ 秒：内容充実派

例：2分（120秒）→ 240 〜 300 語

		項　目	担　当	時　間	語　数
OPENING		GREETING / OVERVIEW			
POINT 1					
		TRANSITION			
POINT 2					
		TRANSITION			
POINT 3					
		TRANSITION			
POINT 4					
		TRANSITION			
ENDING		WRAP-UP / GREETING			

Project 4

□ 原稿を書く（Word で）

サンプル・プレゼンテーションの Tokyo Skytree（ブロック 6, 7）を参考に、段階的に原稿を作成しましょう。

第1段階：項目（トピック）→　要点（キーワード）

Tokyo Skytree → ① 世界最高、② 2012 年完成、③ 素晴らしい眺め、④ 料金

第2段階：要点（キーワード）+ α → キー英文
キーワードの周辺に語句を加えてキーとなる英文を作る

① 世界最高 →　　　　　The Tokyo Skytree is **the tallest tower in the world**.
② 2012 年完成 →　　　It was **completed in 2012**.
③ 素晴らしい眺め → You can enjoy **wonderful panoramic views** from there.
④ 料金 →　　　　　　The **admission** is 2,000 yen for adults and 900 for children.

第3段階：キー英文 + α → パラグラフ
キーとなる英文の周辺に文を加えてパラグラフにする

① **The Tokyo Skytree is the tallest tower in the world.** Isn't it beautiful? It's 634 meters tall! **It was completed in 2012**, and it has become one of the most popular tourist attractions in Japan.

② There are two observation decks in the tower, and **you can enjoy wonderful panoramic views from there**. You can see the whole of Tokyo, and if you are lucky with the weather, you'll even see Mt. Fuji, too.

③ **The admission is 2,000 yen for adults and 900 for children.** For more information and reservations, visit the website: tokyo-skytree.jp. It has English pages as well as Japanese ones.

HOMEWORK
□ 原稿をひと通り書き上げる（原稿の最後に語数を記す）。
□ スライド作成のための写真やイラストなどを探す。

図書館へ行こう！

私たちが日本について書かれたものを英語で読む機会はあまりありません。したがって、日本に関係する英語の語彙や表現は極めて貧困です。また、知識としても、いざ日本について話そうとすると、案外よくわかっていなかったりします。ここにリストアップした本は、こうした不足を補充してくれる良書です。図書館で探してみてください。

1. 『英語で話す「日本」Q&A』（講談社インターナショナル）
2. 『英語で話す「日本の文化」』（講談社インターナショナル）
3. 『英語で話す「日本の謎」Q&A』（講談社インターナショナル）
4. 『誤解される日本人』（講談社インターナショナル）
5. 『日本 ―その姿と心― 』（日鉄技術情報センター著、学生社）
6. 『英語で説明する日本の文化』（植田一三、上田敏子共著、語研）
7. 『日本のことを1分間英語で話してみる』（広瀬直子著、中経出版）
8. 『新・英語で語る日本事情』（江口裕之、D. ドゥーマス共著、The Japan Times）

Project 4

CHECKING YOUR DRAFT & MAKING SLIDES

プロジェクトの第 2 回目の準備を行います。原稿を点検し、各自が担当する部分のスライドを作成します。

❶ CHECK YOUR DRAFT

☐ 原稿の量（語数）の点検：「2 ～ 2.5 words/ 秒」になっているか。

☐ 日本特有のものを「日本語 + or + 英語訳」で表現しているか。

☐ 「プレゼンテーション点検・評価シート」で SPEECH MESSAGE を点検する。

点検・評価　項目	評　価	コ　メ　ン　ト
1. SPEECH MESSAGE	1 2 3 4 5	
1) Plain English	1 2 3 4 5	
2) Rhetorical Questions	1 2 3 4 5	
3) Logical	1 2 3 4 5	
4) Interesting (Funny)	1 2 3 4 5	
2. VISUAL MESSAGE (Slides)	1 2 3 4 5	
1) Key Words / Numbers	1 2 3 4 5	
2) Enumeration	1 2 3 4 5	
3) Images (Photos, Illustrations)	1 2 3 4 5	
4) Charts / Graphs	1 2 3 4 5	
3. PHYSICAL MESSAGE	1 2 3 4 5	
1) Voice Inflection	1 2 3 4 5	
2) Eye Contact	1 2 3 4 5	
3) Hands (Pointer)	1 2 3 4 5	
4) Posture	1 2 3 4 5	

Point

今回の SPEECH MESSAGE のポイント：楽しさ

☐ Rhetorical Questions：2分間に1回程度の「問い掛け」が入っているか。

☐ Interesting (Funny)：ジョークがひとつやふたつ入っているか。

❷ MAKE SLIDES

☐ スライドの構成：全体と部分

グループ内のメンバーは、全体と各自が担当する部分の両方を考えながら作業を進める。

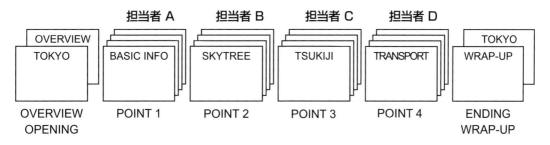

☐ 作業を始める前にグループ内でスライドのデザインを統一する。
☐ 各自が担当する部分のスライドを作成する。
☐ 今回の工夫、および、注意点を確認する。

☐ スライド上の文字をできるだけ少なくする。
☐ 日本のイメージが伝わるイラスト、写真を多用する。

☐ MC 用のつなぎのスライドを準備する。つなぎの度に入れる必要はないが、話題が変わる場合（MC のつなぎが長くなる場合）には、「切り替え」としてスライドを準備するとよい。

Project 4

□ ENDING（Wrap-up）のスライド
　　シンプルなスライドでプレゼンテーションを締めくくりましょう。

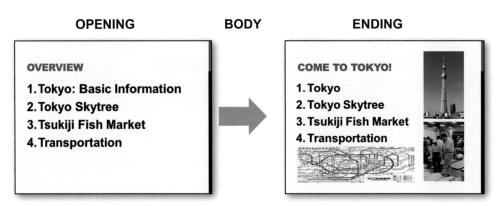

サンプル・プレゼンテーションでは、OPENING のスライドに BODY で言われた要点が写真とイラストで ENDING のスライドに加えられています。

❸ REVISE YOUR DRAFT

スライド作成によって生じた原稿の追加や削除、書き換えを適宜行いましょう。今回のプロジェクトでは特に以下の点に注意してください。

□　MC とのやり取りは自然か。
□　日本のことが外国の人にわかるような十分な説明ができているか。

HOMEWORK

□ 各自がスライドを完成させる。
□ BGM 用の音楽を準備する（Opening や Ending、その他用）。
　　ネット上で探す場合の検索キーワード：「音楽」、「ファイル」、「mp3」、「無料」

プレゼンテーション・ボード

今ではPowerPointのようなコンピュータ・ソフトを使ってプレゼンテーションを行うのが一般的になっていますが、かつては、スタンドに立てかけた紙（プレゼンテーション・ボード）を使うのが普通でした（写真①）。便利になったものです。Introduction: BASICS OF AN ENGLISH PRESENTATION（pp.6-7）で紹介しているように、視覚的補助にはコンピュータのプレゼンテーション・ソフトの他に、書画カメラ（写真②）やホワイトボード（写真③）がよく利用されます。現実のプレゼンテーションでは、PCが使えない、書画カメラがないという環境もあります。そのときに備えて、せめてホワイトボードの使用には慣れておきましょう。練習で、コンピュータと併用してみてもいいですね。

①プレゼンテーションボード

②書画カメラ

③ホワイトボード

Project 4

Step 3 | GETTING THINGS DONE & REHEARSING

プロジェクトの第3回目の準備を行います。各自のスライドを点検し、その後、グループとしてひとつのファイルにまとめます。音楽を入れ全体を仕上げて、リハーサルを行います。

❶ CHECK YOUR SLIDES

各自のスライドを以下の要領で点検しましょう。

- ☐ スライド上の文字は多くないか。
- ☐ 日本らしいイメージは演出されているか。
- ☐ MC 用のつなぎのスライドは用意されているか。
- ☐ 「プレゼンテーション点検・評価シート」で VISUAL MESSAGE を点検する。

点検・評価　項目	評　価	コ　メ　ン　ト
1. SPEECH MESSAGE	1　2　3　4　5	
1) Plain English	1　2　3　4　5	
2) Rhetorical Questions	1　2　3　4　5	
3) Logical	1　2　3　4　5	
4) Interesting (Funny)	1　2　3　4　5	
2. VISUAL MESSAGE (Slides)	1　2　3　4　5	
1) Key Words / Numbers	1　2　3　4　5	
2) Enumeration	1　2　3　4　5	
3) Images (Photos, Illustrations)	1　2　3　4　5	
4) Charts / Graphs	1　2　3　4　5	
3. PHYSICAL MESSAGE	1　2　3　4　5	
1) Voice Inflection	1　2　3　4　5	
2) Eye Contact	1　2　3　4　5	
3) Hands (Pointer)	1　2　3　4　5	
4) Posture	1　2　3　4　5	

Point | **今回の VISUAL MESSAGE のポイント：楽しさ**

- ☐ Key Words / Numbers：最小限に抑えられているか。
- ☐ Images (Photos, Illustrations)：ふんだんに使っているか。

❷ MAKE A GROUP FILE

グループ内のそれぞれ（4人）が準備したスライドをつなぎ合わせ、ひとつのファイルにします。

※ PowerPoint の操作（p.59 参照）

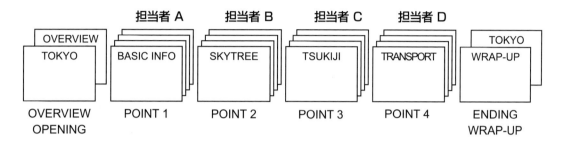

❸ ADD MUSIC

Opening や Ending、その他に音楽を入れましょう。

※ PowerPoint の操作（p.60 参照）

❹ MAKE A HANDOUT

今回は「番組案内」の体裁で、以下の要領に従い配布資料を作成してください。

- ☐ Word で作成した企画書を基に、PowerPoint で作成する。
- ☐ 写真などを加え、楽しく日本的なイメージを演出する。
- ☐ 発表で紹介するウェブサイトの URL を掲載する。
- ☐ グループ情報（グループ名、メンバーの氏名、リーダー、MC）を記載する。
- ☐ スライドを縦にするなど工夫して1ページに収める。

※ PowerPoint の操作（p.87 参照）

企画書

配布資料

Project 4

❺ REHEARSE

グループ内で、以下の要領に従いリハーサルを行いましょう。

☐ 各自が担当する箇所のスライドをノートモードで印刷する（p.35 参照）。

☐ 発表者の立ち位置や入れ替わりなどを意識して練習する。

☐ 音楽のボリュームとタイミングをチェックする。

☐ タイムキーパーの練習も行う（p.62 参照）。

☐ 原稿を見ながらも「プレゼンテーション点検・評価シート」の PHYSICAL MESSAGE
を意識して行う。

点検・評価　項目	評　価	コ　メ　ン　ト
1. SPEECH MESSAGE	1　2　3　4　5	
1) Plain English	1　2　3　4　5	
2) Rhetorical Questions	1　2　3　4　5	
3) Logical	1　2　3　4　5	
4) Interesting (Funny)	1　2　3　4　5	
2. VISUAL MESSAGE (Slides)	1　2　3　4　5	
1) Key Words / Numbers	1　2　3　4　5	
2) Enumeration	1　2　3　4　5	
3) Images (Photos, Illustrations)	1　2　3　4　5	
4) Charts / Graphs	1　2　3　4　5	
3. PHYSICAL MESSAGE	1　2　3　4　5	
1) Voice Inflection	1　2　3　4　5	
2) Eye Contact	1　2　3　4　5	
3) Hands (Pointer)	1　2　3　4　5	
4) Posture	1　2　3　4　5	

☐ 「スライドとノート」を持ち歩きながら、１週間で自分のことばにする。

☐ 時間を測り、話す速度を調整する。

☐ 「スライドとノート」のスライドの部分だけを見ながら、英語がスムーズに
　出てくるようになるまで練習する。

☐ PHYSICAL MESSAGE を意識して、仕上げる。

Project 4

Step 4 GIVING A PRESENTATION

プロジェクトの発表を行います。直前の準備と確認、プレゼンテーション、そして、プレゼンテーションの自己評価をしましょう。

❶ MAKE LAST-MINUTE PREPARATIONS

以下をプレゼンテーションの事前に、準備、または、確認しましょう。

□ 配布資料（　　　部）
□ 発表の順番（　　　番目）
□ 機材：PC（音）、スクリーンの位置、マイク、ポインター
□ 立ち位置

❷ GIVE A PRESENTATION

グループの全員が時間内に発表できるように、しっかりと時間管理をしましょう。

❸ GET FEEDBACK

発表直後、次のグループが準備をしている間に、先生やクラスメートからコメントをもらいましょう。

❹ EVALUATE YOUR PERFORMANCE

「プレゼンテーション点検・評価シート」で、自己評価してみましょう。

点検・評価　項目	評　価	コ　メ　ン　ト
1. SPEECH MESSAGE	1　2　3　4　5	
1) Plain English	1　2　3　4　5	
2) Rhetorical Questions	1　2　3　4　5	
3) Logical	1　2　3　4　5	
4) Interesting (Funny)	1　2　3　4　5	
2. VISUAL MESSAGE (Slides)	1　2　3　4　5	
1) Key Words / Numbers	1　2　3　4　5	
2) Enumeration	1　2　3　4　5	
3) Images (Photos, Illustrations)	1　2　3　4　5	
4) Charts / Graphs	1　2　3　4　5	

3. PHYSICAL MESSAGE	1 2 3 4 5	
1) Voice Inflection	1 2 3 4 5	
2) Eye Contact	1 2 3 4 5	
3) Hands (Pointer)	1 2 3 4 5	
4) Posture	1 2 3 4 5	

HOMEWORK

Project 5: Discussing Social Issues の事前準備をしてください。
□ 新聞、テレビ、インターネットなどで、社会問題に注意する。
□ プロジェクトで取り上げたい問題をひとつ選ぶ。
□ 問題に関連するデータを探す。
□ ソリューション（解決策）について考える。
□ 問題とソリューションをノートに書いて、次の授業に持参する。
□ サンプル・プレゼンテーションをビデオ映像で見る。

Project 4

DISCUSSING SOCIAL ISSUES

日本の社会問題を議論する

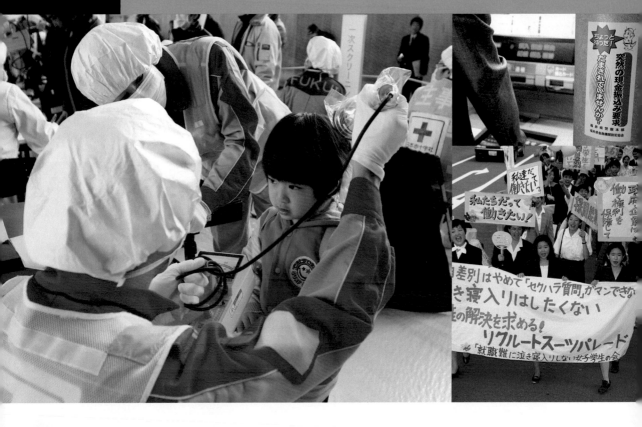

社会に目を向けさまざまな物事に問題意識を持つことは重要です。Project 5 では、問題意識を持つにとどまらず、具体的に何が問題になっているかを調べ、議論し、かつ、問題解決のための提案をするプレゼンテーションの技術を身につけます。

学習事項

ENGLISH SKILLS

● 社会問題を英語で議論することができる。
● 社会問題についてのリサーチを英語で行うことができる。
● 社会問題を議論する英語の語彙、表現に慣れる。
● データ（グラフ）を英語で説明できる。
● グループでまとまった議論の展開を英語で行うことができる。

PRESENTATION SKILLS

● 「議論」のプレゼンテーションができる。
● データ（グラフ）をスライドに表現できる。
● 説明的なスライドを作ることができる。
● 論理的な展開ができる。

Step 1　ORGANIZING & WRITING YOUR SPEECH

プロジェクト "DISCUSSING SOCIAL ISSUES" の内容と準備の要領を理解し、それに基づいて第 1 回目の準備を行います。

プロジェクト "DISCUSSING SOCIAL ISSUES"

以下の内容と要領で準備し、プレゼンテーションを行います。

PROJECT 5: DISCUSSING SOCIAL ISSUES

設定：大学生の国際カンファレンス
目的：日本の社会問題とその解決策を世界の学生に伝える
形態：グループ（4 人）
時間：10分
準備：3 回の授業とHOMEWORKで準備する
　　　Step 1：サンプルを見る、グループを作る、企画書を書く、語
　　　　　　　彙・表現を学ぶ、担当を決める、原稿を書く
　　　Step 2：原稿を点検する、スライドを作成する（個人）
　　　Step 3：4 人のスライドをひとつにまとめる、配布資料を作
　　　　　　　る、リハーサルを行う

---

❶ LEARN FROM THE SAMPLE VIDEO

サンプル・ビデオを見ながら内容について次の欄にメモを取り、社会問題についてのプレゼンテーションの構成や発表の要領を学びましょう。

THEME	
POINT 1	
POINT 2	
POINT 3	
POINT 4	
POINT 5	
GENERAL IMPRESSION	

❷ LEARN FROM THE SAMPLE SCRIPT

サンプル・プレゼンテーションのスクリプトを読みながら、使えそうな語彙・表現に印をつけ、自己の原稿作成のヒントにしましょう。

1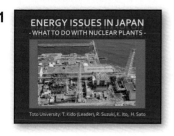

****

Takuya: Good afternoon, ladies and gentlemen. We are the group from Toto University from Japan.

Ryoko: I'm Ryoko Suzuki.

Ken: I'm Ken Ito.

Hiromi: I'm Hiromi Sato.

Takuya: … and I'm Takuya Kido, leader of the group. Look at the picture over here. What's this? Take a good look. Yes, it's the nuclear power plant accident that took place in Fukushima in 2011. The accident caused great damage and shocked Japanese people. We had believed that nuclear plants were safe, but they were NOT. We also learned that our society had been so dependent on nuclear power. Today, in our presentation, we're going to discuss energy issues in Japan and we'd like to share with you our ideas of what to do with nuclear power. This is an important issue not just in Japan but in your countries as well.

* * * * *

2

OVERVIEW

1. BEFORE FUKUSHIMA: Power Supplies
2. FUKUSHIMA ACCIDENT
3. AFTER FUKUSHIMA: People's Attitudes
4. CAN WE DO WITHOUT NUCLEAR PLANTS?
5. SOLUTION: Starting Up "SAFE"

Takuya: First, we'll present "BEFORE FUKUSHIMA." We'll show you how electric power was supplied in our country before the Fukushima accident. Second, we'll tell you what exactly happened to the Fukushima nuclear plant in 2011. Third, we'll present "AFTER FUKUSHIMA." You'll see how Japanese people's attitudes toward nuclear energy changed after the accident. Then, we'll discuss "CAN WE DO WITHOUT NUCLEAR PLANTS?" And finally, we'd like to share with you our ideas for a solution: what we can do now for our future energy. Now, let me introduce Ryoko, who will present "BEFORE FUKUSHIMA."

* * * * *

3

1. BEFORE FUKUSHIMA

Japan   Highly-Industrialized

Huge Amount of Energy

Ryoko: I'm Ryoko Suzuki. Before we discuss our major points, I'll show you how electric power was generated and supplied in Japan before the Fukushima accident. Since Japan is a highly-industrialized country, we use a huge amount of electric power. In order to satisfy the demand, we have used many methods to generate it.

* * * * *

4

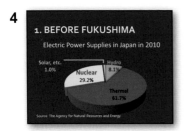

1. BEFORE FUKUSHIMA

Electric Power Supplies in Japan in 2010

Solar, etc. 1.0%   Hydro 8.1%
Nuclear 29.2%
Thermal 61.7%

Source: The Agency for Natural Resources and Energy

This pie chart shows the kinds of power generation and their ratios in 2010, that is, a year before the nuclear accident. The chart is based on data from the Agency for Natural Resources and Energy. Thermal power generation, or power generation by burning fuel, the red part, had the highest rate of 61.7%. In second place was nuclear power, the yellow part, with about 30%. Hydro, solar, and others account for less than 10%. That is to say, up until the Fukushima accident, a little under one third of the total power we used came from the nuclear plants.

****

5

1. BEFORE FUKUSHIMA

SAFE

CLEAN

ECONOMICAL

1st Nuclear Plant
Tokai (early 1960s)

54 reactors
3rd in the world

Ryoko: In the early 1960s, the first nuclear plant in Japan was built in Tokai, Ibaraki prefecture. It was about 50 years ago. Until recently, the government had been telling us about the benefits of nuclear power: it's safe, clean, and economical. And they continued constructing new plants one after another. Eventually, we had more than 50 reactors throughout the country and became the 3rd largest user of nuclear power in the world. Japan was enjoying a stable supply of energy with the big help of nuclear power as the economy was growing fast. This, however, all changed on March 11, 2011.

****

6

2. FUKUSHIMA ACCIDENT

The Great East Japan Earthquake: 3. 11, 2011

TSUNAMI

Meltdowns
Radioactive Materials

The Great East Japan Earthquake! The quake with a magnitude of 9 triggered a huge tsunami, and the tsunami hit the Fukushima nuclear power plant directly. It caused meltdowns of reactors and releases of radioactive materials, ...

****

7

2. FUKUSHIMA ACCIDENT

S E

C N

Iitate Minami
Sōma

Namie

Tamura

Fukushima
Daiichi

Iwaki

Evacuation of Tens of Thousands of People

... which forced tens of thousands of people in the area to evacuate. All Japanese people witnessed a type of disaster that no one had ever experienced before. The nuclear plants were NOT safe, NOT clean. And those people who evacuated still cannot return to their homes because of the radioactive pollution.

Takuya: Thank you, Ryoko. As the news of the earthquake and the accident was broadcast to every corner of the world, I'm sure all of you here know about it very well. Now, let us tell you what happened after Fukushima. Ken reports.

8

3. AFTER FUKUSHIMA

Our Attitudes

Government's Energy Policy

Ken: I'm Ken Ito. I'm going to tell you about things after Fukushima, focusing on how our attitudes toward the government's energy policy changed.

9

3. AFTER FUKUSHIMA

Stopped All Nuclear Plants   Power Shortages

Right after the Fukushima accident, our government stopped all nuclear plants throughout the country. It was to check their safety. During that time, many companies, especially manufacturers, had a hard time with electric power shortages. It was the first time Japanese people became aware that we were so dependent on nuclear power.

10

3. AFTER FUKUSHIMA

Electric Power Supplies in Japan in 2010

Solar, etc. 1.0%   Hydro 8.1%   Nuclear 29.2%   Thermal 61.7%

Once again, take a look at the pie chart we showed you before. You can see that about 30% of our electricity was generated by nuclear power.

11

3. AFTER FUKUSHIMA

54 reactors

And before we knew it, we had as many as 54 reactors throughout the country. In other words, we were living under very dangerous circumstances. We began to ask ourselves, "We should shut down all those plants, but could we live without them?"

12

3. AFTER FUKUSHIMA

Restarting the Nuclear Plants?

FOR   AGAINST

28%   58%

Source: Asahi Shimbun, June 2013

Here's the result of a survey done by Asahi Shimbun, or Asahi Newspaper, in 2013. When the government was considering restarting the nuclear plants, the survey asked whether people were for or against the government's policy. Twenty eight percent of the respondents were for, and 58% were against it. In other words, more than half were against the government's idea of restarting the nuclear plants.

13

Ken: "Can we really do without nuclear power?" some people would ask. And they would say, "If the shortage of energy lasts long, it would slow down the economy, which eventually would decrease employment."

14

Others would say, "If we make up for the shortage by increasing thermal power generation, it would cost more. Then, power companies would raise electric rates, and we would have to pay more."

15

Of course, nobody wants a slow economy, decreased employment, or higher electric rates. But just think that Japan is always in danger of earthquakes. Experts say that a major earthquake with a magnitude of 8 or 9 could occur anytime, anyplace. It means we could have many more disasters like the one in Fukushima or worse than that.

16

Also, remember the fact that right after the Fukushima accident, we got by without depending on nuclear power. Companies, factories, offices, shops, schools, and families … all organizations and individuals tried hard to save electricity. "Saving" will be a key.

17

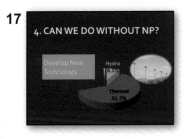

Also, can we change the government's policy? Once the government decides to end nuclear power generation, private companies would work harder to develop new technologies for energy. The government could encourage the companies by offering financial support and/or tax incentives, for example. This way, we could develop alternative power supplies more quickly.

Takuya: Thank you, Ken. It is difficult to find a solution, but the first thing we have to think about is, "Which is more important, the economy or our safety?" Now, we'd like to share with you our ideas of what to do with this problem. Hiromi will explain.

18

****

Hiromi: I'm Hiromi Sato. From what we have discussed so far, our basic concept for the solution is that humans and nuclear power cannot exist together. Also, it's obvious that this is a challenging issue, an issue for all humans. Therefore, we think many people from all generations and countries should be involved in the discussion. And here's our plan — starting up a students' association called "SAFE."

19

****

"SAFE" is the abbreviation for Students Association for Future Energy. It would provide students from around the world with opportunities to discuss energy issues. To start our plan, we will first build our Internet website. We'll also use Social Networking Services (SNS) like Facebook. We'll begin with online meetings, then, expand it to offline meetings worldwide. Students in Tokyo will meet in Tokyo, students in Boston will meet in Boston, and if you are in Paris, you will meet in Paris.

20

****

We'll take the role of the head office and facilitate discussion by providing topics, data, and other information related to energy issues. We can discuss and share ideas 24 hours a day, seven days a week in real time. We will also post summaries of our discussions on our Web page.

21

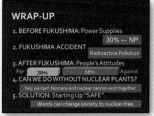

Hiromi: Sheryl Sandberg, chief operating officer (COO) of Facebook, said this: Your words can change your mind, your mind can change your actions, and your actions can change society. We believe in her words so we will begin with "words" using the SAFE network.

Takuya: Thank you, Hiromi.

22

Now, let me wrap up what we have discussed. We first told you about the power supplies in Japan before Fukushima, and you learned that about 30% of the total was nuclear power. Second, we talked about the Fukushima nuclear plant accident. Remember that tens of thousands of people still can't return home because of radioactive pollution. Third, we showed you how people's attitudes toward energy changed after Fukushima. You learned from a survey that more than half of Japanese are against restarting the nuclear plants. Then, we discussed "CAN WE DO WITHOUT NUCLEAR PLANTS?" Our answer was "Yes, we can!" And finally, we explained and shared our ideas of starting up a students' association to discuss energy issues worldwide. We believe our words can change our society into a nuclear-free one.

23

ENERGY ISSUES IN JAPAN
- WHAT TO DO WITH NUCLEAR PLANTS -

NO MORE FUKUSHIMAS

Toto University: T. Kido (Leader), R. Suzuki, K. Ito, H. Sato

We must not let the same mistake happen again. We need your participation in SAFE. No more nuclear plants, no more Fukushimas! Thank you.

Project 5

❸ PLAN THE PROJECT

グループを作り、以下の事項を話し合いで決めながら、例のような企画書を Word で作成しましょう。

☐ グループを作る：4人で1グループを構成する。
☐ リーダーと MC を決める。
　　リーダー：プロジェクトが終わるまで、グループのまとめ役を務める。
　　MC：プレゼンテーションの進行役、Opening, スピーカーのつなぎ、Ending などを担当する。
☐ ブレーンストーミングをし、テーマ、項目、要点を決める。
　　各自が持参したアイディア（宿題）を出し合い、グループのテーマ、内容の項目（4、5項目）、さらに、各項目の要点を決める。
☐ それぞれの項目の担当者を決める。
☐ 全体の構成（項目の順番など）を決める。
☐ 時間配分を決める。

企画書の例

DISCUSSING SOCIAL ISSUES
(GROUP 2)

TAKUYA KIDO（木戸拓也）:LEADER　　　　RYOKO SUZUKI（鈴木涼子）
HIROMI SATO（佐藤ひろみ）:　　　　　　　KEN ITO（伊藤健）

	項目と要点	担当	時間
OPENING	GREETING / OVERVIEW 福島原発事故の経験	木戸拓也	0'30"
POINT 1	BEFORE FUKUSHIMA 原発依存率、安全、クリーン、原発の実情（何機）	鈴木涼子	1'30"
	TRANSITION	木戸	0'15"
POINT 2	FUKUSHIMA ACCIDENT 地震、津波、放射線汚染、避難者の現状	鈴木	1'30"
	TRANSITION	木戸	0'15"
POINT 3	AFTER FUKUSHIMA 休止、電力不足、経済 or 安全、賛否のデータ	伊藤健	1'30"
	TRANSITION	木戸	0'15"
POINT 4	CAN WE DO WITHOUT NUCLEAR POWER? メーカ、生産、コスト、経済、でも WE CAN	伊藤	1'30"
	TRANSITION	木戸	0'15"
POINT 5	SOLUTION 議論の場を設ける、ネット、SNS、OFFLINE も	佐藤ひろみ	1'30"
ENDING	WRAP-UP / GREETING	木戸	1'00"

❹ LEARN THE LANGUAGE

サンプル・プレゼンテーションからの語彙・表現を自己の原稿作成に活用しましょう（カッコ内の数字は、その表現が使われているブロックの番号）。

1	<u>Look at the picture</u>. ...it's the nuclear power plant accident that took place in... (1)	いきなり Look at the picture. と始めて Introduction で聴衆の興味を引きつけるテクニック。
2	...we're going to <u>discuss</u>... (1) ...we'd like to <u>share with you</u>... (1) ...we'll <u>tell you</u>... (2)	「述べる」を意味するいろいろな動詞。discuss は「（問題解決のために）話す」。share with you ... は talk about ... や tell you ...（... について話す、伝える）とほぼ同じですが、「共有する」含みから「お話します（お聞きください）」。
3	<u>Since</u> Japan is a highly-industrialized country,... (3) <u>As</u> the news of the earthquake and the accident was... (7)	理由を示す接続詞。because ... が強く理由を示すのに対して、since ... と as ... は「（ご存知のように）... なので」とある程度わかっている理由を述べるとき。
4	This pie chart shows... (4)	グラフを説明する表現。「英語表現アドバイス：グラフを説明する」を参照。
5	...which forced <u>tens of thousands of people</u>... (7)	「何万人もの人々」。dozens of ..., hundreds of ..., thousands of ..., tens of thousands of ..., hundreds of thousands of..., millions of ... は順に「何十、何百、何千、何万、何十万、何百万もの ...」。
6	... <u>some people</u> would ask. (13) <u>Others</u> would say,... (14)	議論で使える表現。some people と others の組み合わせで「... という人もいれば、また ... という人もいる」。
7	...<u>can</u> we change ...? (17) The government <u>could</u> encourage... (17)	議論で使える表現。can...（.. できる）に対して could ... は「（〜なら）... できるだろう」。
8	It is difficult to <u>find a solution</u>,... (17)	find a solution（解決策を見つける）
9	...it's obvious that... (18)	議論の表現。It's obvious that ... で「... は明らかである」。
10	Sheryl Sandberg, ... <u>said this</u>: ... (21)	著名人のことばを引用する表現。「（誰々は）このようなことを言っています」。この後に引用文を続けます。

Project 5

グラフを説明する

1. グラフの種類
- bar graph（棒グラフ）, line graph（折れ線グラフ）, pie graph（円グラフ）

2. グラフに注目させる表現
- Look at the graph.（グラフをご覧ください）
- The bar graph shows/indicates ...（棒グラフは ... を示しています）
- If you look at the line graph, you can see ...（折れ線グラフをご覧になると、... ということがわかります）
- As you can see from the pie graph, ...（円グラフから分かるように、...）

3. Line Graph（折れ線グラフ）に関わる表現
1) 「上昇、下降」を表す動詞
   - 上昇：rise, increase, go up, climb, move up (from 2,500 to 3,000 / by 20%)
   - 下降：fall, decrease, go down, decline, move down
2) 「変化の程度」を表す副詞
   - sharply（急激に）, dramatically（劇的に）
   - considerably（かなり）, significantly（著しく）
   - gradually（徐々に）, steadily（着実に）
   - slightly（わずかに）, slowly（ゆっくりと）, gently（穏やかに）
3) 「横軸」と「縦軸」の説明
   - 横軸：The horizontal axis indicates the calendar year (fiscal year).
   - 縦軸：The vertical axis shows the number of units sold.

4. Bar Graph（棒グラフ）に関わる表現
「棒の高低」の比較
- The red bar is the highest ...
- The blue bar is higher/lower than ...

5. Pie Graph（円グラフ；pie chart とも言う）に関わる表現
1) 「部分」：area / section / part / segment
   - The green area shows ...
2) 「占める率」の表現
   - This pie chart shows the ratio (share) of ....（... の占める率）
   - The Asian market accounts for 60%（60％を占めている）
3) 「～別」という表現：Sales by Market（マーケット別売上）

❺ WRITE YOUR SPEECH

☐ 原稿の語数を決める

企画書を基に、各自が担当する原稿の語数を決めます。割り当てられた時間から1秒につき2〜2.5語を目安に算出してください。

> 語数：2 - 2.5 words/ 秒
> 2 words/ 秒：　ゆっくり派
> 2.5 words/ 秒：内容充実派

例：2分（120秒）→ 240 〜 300 語

	項目	担当	時間	語数
OPENING	GREETING / OVERVIEW			
POINT 1				
	TRANSITION			
POINT 2				
	TRANSITION			
POINT 3				
	TRANSITION			
POINT 4				
	TRANSITION			
POINT 5				
ENDING	WRAP-UP / GREETING			

☐ 原稿を書く（Word で）

サンプル・プレゼンテーションの Before Fukushima（ブロック4）を参考に、段階的に原稿を作成しましょう。

第1段階：項目（トピック）→　要点（キーワード）

> 発電の率 →　①円グラフ (発電の種類と率)、②火力発電 (61.7%)、
> 　　　　　　　③原子力発電 (約 30%)、④水力発電・太陽熱発電ほか (10% 未満)、
> 　　　　　　　⑤原子力発電の率 (約3分の1)

第2段階：要点（キーワード）＋ α → キー英文
キーワードの周辺に語句を加えてキーとなる英文を作る

> ① 円グラフ (発電の種類と率) → This **pie chart** shows the **kinds of power generation and their ratios** in 2010.
> ② 火力発電 (61.7%) → **Thermal power generation** had the rate of **61.7%.**
> ③ 原子力発電 (約 30%) → In second place was **nuclear power** with **about 30%.**
> ④ 水力発電ほか (10% 未満) → **Hydro, solar, and others** account for **less than 10%.**
> ⑤ 原子力発電の率 (3分の1弱) → **A little under one third** came from **the nuclear plants**.

第3段階：キー英文 ＋ α → パラグラフ
キーとなる英文の周辺に文を加えてパラグラフにする

> **This pie chart shows the kinds of power generation and their ratios in 2010**, that is, a year before the nuclear accident.... **Thermal power generation**, or power generation by burning fuel, the red part, **had the** highest **rate of 61.7%. In second place was nuclear power**, the yellow part, **with about 30%. Hydro, solar, and others account for less than 10%.** That is to say, up until the Fukushima accident, **a little under one third** of the total power we used **came from the nuclear plants**.

HOMEWORK　□ 原稿をひと通り書き上げる（原稿の最後に語数を記す）。
□ スライド作成のための写真やイラストなどを探す。

出典のないデータは無意味

☐ **出典を明記する**

今回のプロジェクトでは、データが議論の重要な材料になります。データをグラフや表などで表す場合には、必ずその出典を明記しましょう。グラフや表の近くに、下の例のように Source: The Agency for Natural Resources and Energy や Source: Asahi Shimbun, June 2013 のように記します。

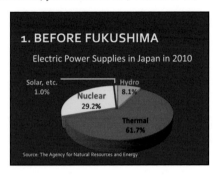

☐ **出典を述べる**

サンプル・プレゼンテーションでは、上の円グラフを説明する部分で、<u>The chart is based on data from</u> the Agency for Natural Resources and Energy. と述べています。スライド上に示すだけでなく、ことばにすることも重要です。

☐ **出典がなければ無意味**

データが示す数値はそれなりに説得力を持ちますが、同時に信憑性が問われます。従って、まずは信頼できるデータを選ぶことです。そして、何よりも信頼を得るためにはその出典を明記することです。逆に、出典が記されていないデータは信頼されないものと見なされ、無意味になってしまいます。

CHECKING YOUR DRAFT & MAKING SLIDES

プロジェクトの第2回目の準備を行います。原稿を点検し、各自が担当する部分のスライドを作成します。

① CHECK YOUR DRAFT

☐ 原稿の量（語数）の点検：「2〜2.5 words/ 秒」になっているか。

☐ 論理的な展開になっているか。

☐ データ（グラフ）は適切に説明されているか。

☐ 「プレゼンテーション点検・評価シート」で SPEECH MESSAGE を点検する。

点検・評価 項目	評 価	コ メ ン ト
1. SPEECH MESSAGE	1　2　3　4　5	
1) Plain English	1　2　3　4　5	
2) Rhetorical Questions	1　2　3　4　5	
3) Logical	1　2　3　4　5	
4) Interesting (Funny)	1　2　3　4　5	
2. VISUAL MESSAGE (Slides)	1　2　3　4　5	
1) Key Words / Numbers	1　2　3　4　5	
2) Enumeration	1　2　3　4　5	
3) Images (Photos, Illustrations)	1　2　3　4　5	
4) Charts / Graphs	1　2　3　4　5	
3. PHYSICAL MESSAGE	1　2　3　4　5	
1) Voice Inflection	1　2　3　4　5	
2) Eye Contact	1　2　3　4　5	
3) Hands (Pointer)	1　2　3　4　5	
4) Posture	1　2　3　4　5	

Point

今回の SPEECH MESSAGE のポイント：簡潔・論理的

☐ Rhetorical Questions: 要所要所で問い掛けているか。

☐ Logical: データなどの根拠に言及しているか。

❷ MAKE SLIDES

□ 全体のスライドの構成：全体と部分

グループ内のメンバーは、全体と各自が担当する部分の両方を考えながら作業を進める。

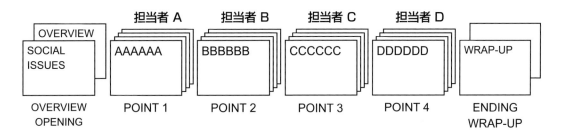

担当者 A　担当者 B　担当者 C　担当者 D

OVERVIEW
SOCIAL ISSUES — AAAAAA — BBBBBB — CCCCCC — DDDDDD — WRAP-UP

OVERVIEW　　POINT 1　　POINT 2　　POINT 3　　POINT 4　　ENDING
OPENING　　　　　　　　　　　　　　　　　　　　　　　　WRAP-UP

□ 作業をはじめる前にグループ内でデザインを統一する。
□ 各自が担当する部分のスライドを作成する。
□ 今回の工夫、および、注意点を確認する。

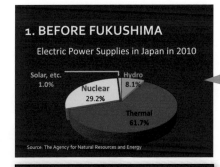

□ データをグラフで表現する。

□ データの内容によってグラフを使い分ける。

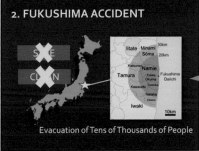

□ 論理の展開にイラストなども上手に使い、聴衆の理解を助ける。

PowerPoint の操作

■ グラフの追加

スライドの中にグラフを入れます。

① ［挿入］→［グラフ］をクリックすると【グラフの挿入】ダイアログボックスが開く。

② 使いたいグラフを選び「OK」をクリック。

③ グラフが表示される。

④ Excel のシートで元データが表示される。

⑤ 元データの項目名と値を自分のデータの項目と値に入れ換える。

⑥ グラフも同時に変更される。

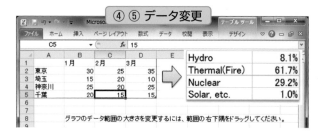

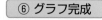

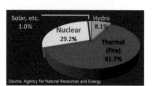

❸ REVISE YOUR DRAFT

スライド作成によって生じた原稿の追加や削除、書き換えを適宜行いましょう。今回の
プロジェクトでは特に以下の点に注意してください。

☐ 論理の展開が他のメンバーとうまくつながっているか。

☐ MC とのやり取りは自然か。

☐ 難しい単語を使っていないか。

☐ 1 文が長すぎないか。

HOMEWORK　☐ 各自がスライドを完成させる。

大きな数字はカンマを読む

データを扱うと、大きな数字に出くわすことが少なくありません。千の位までは大抵の人が慣れていても、「25万人」や「2千5百万円」を英語で言うとなると、戸惑う人も少なくないでしょう。「大きな数字はカンマで読む」がポイントです。例えば、次のような数字があります。

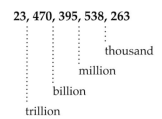

英語では、ひとつ目のカンマが thousand, ふたつ目が million, 3つ目が billion, 4つ目が trillion です。これを覚えておけば、あとはカンマの読みを加えて数字を読むだけです。上の数字なら、次のように読みます。

23 (twenty-three) trillion, 470 (four hundred seventy) billion, 395 (three hundred ninety-five) million, 538 (five hundred thirty-eight) thousand, 263 (two hundred sixty-three)

「25万人」なら、数字で書けば、250,000 人、つまり 250 thousand people と、「2千5百万円」なら、25,000,000 円、つまり 25 million yen と英語で言うことができます。

Project 5

GETTING THINGS DONE & REHEARSING

プロジェクトの第3回目の準備を行います。各自のスライドを点検し、その後、グループとしてひとつのファイルにまとめ、リハーサルを行います。

❶ CHECK YOUR SLIDES

各自のスライドを以下の要領で点検しましょう。

☐ スライドの枚数は少なくないか（15 ～ 30 秒に 1 枚）。
☐ スライド上の文字は多くないか。
☐ 文字は見えにくくないか（フォントサイズ：32 以上）。
☐「プレゼンテーション点検・評価シート」で VISUAL MESSAGE を点検する。

点検・評価　項目	評　価	コ　メ　ン　ト
1. SPEECH MESSAGE	1　2　3　4　5	
1) Plain English	1　2　3　4　5	
2) Rhetorical Questions	1　2　3　4　5	
3) Logical	1　2　3　4　5	
4) Interesting (Funny)	1　2　3　4　5	
2. VISUAL MESSAGE (Slides)	1　2　3　4　5	
1) Key Words / Numbers	1　2　3　4　5	
2) Enumeration	1　2　3　4　5	
3) Images (Photos, Illustrations)	1　2　3　4　5	
4) Charts / Graphs	1　2　3　4　5	
3. PHYSICAL MESSAGE	1　2　3　4　5	
1) Voice Inflection	1　2　3　4　5	
2) Eye Contact	1　2　3　4　5	
3) Hands (Pointer)	1　2　3　4　5	
4) Posture	1　2　3　4　5	

Point

今回の VISUAL MESSAGE のポイント：簡潔・明瞭

☐ Key Words / Numbers：キーとなる数字は目立っているか。
☐ Images (Photos, Illustrations)：説明を助けるイラストになっているか。

❷ MAKE A GROUP FILE

グループ内のそれぞれ（4人）が準備したスライドをつなぎ合わせ、ひとつのファイルにします。

※ PowerPoint の操作（p.59 参照）

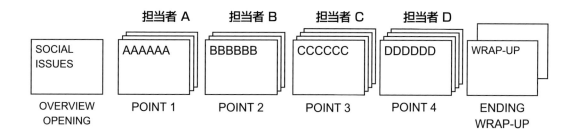

❸ MAKE A HANDOUT

今回は以下の要領で配布資料を作成してください。

□ Word で作成した企画書を基に、上書きする要領で作る。
□ WRAP-UP の原稿を参考に作成してもよい。
□ グループ情報（グループ名、メンバーの氏名、リーダー）をヘッダーに記載する。
□ 1ページに収める。

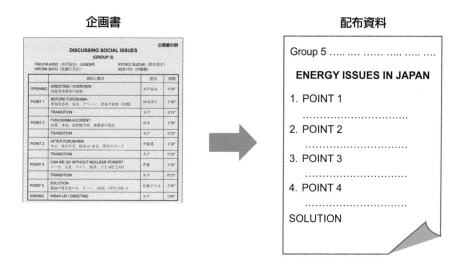

❹ REHEARSE

グループ内で、以下の要領に従いリハーサルを行いましょう。

☐ 各自が担当する箇所のスライドをノートモードで印刷する（p.35 参照）。

☐ MC と各担当者の立ち位置や入れ替わりなどを意識して練習する。

☐ MC と論理的なつなぎを意識して行う。

☐ タイムキーパーの練習も行う（p.62 参照）。

☐ 原稿を見ながらも「プレゼンテーション点検・評価シート」の PHYSICAL MESSAGE を意識して行う。

点検・評価　項目	評　価	コ　メ　ン　ト
1. SPEECH MESSAGE	1　2　3　4　5	
1) Plain English	1　2　3　4　5	
2) Rhetorical Questions	1　2　3　4　5	
3) Logical	1　2　3　4　5	
4) Interesting (Funny)	1　2　3　4　5	
2. VISUAL MESSAGE (Slides)	1　2　3　4　5	
1) Key Words / Numbers	1　2　3　4　5	
2) Enumeration	1　2　3　4　5	
3) Images (Photos, Illustrations)	1　2　3　4　5	
4) Charts / Graphs	1　2　3　4　5	
3. PHYSICAL MESSAGE	1　2　3　4　5	
1) Voice Inflection	1　2　3　4　5	
2) Eye Contact	1　2　3　4　5	
3) Hands (Pointer)	1　2　3　4　5	
4) Posture	1　2　3　4　5	

HOMEWORK

☐ 「スライドとノート」を持ち歩きながら、1 週間で自分のことばにする。

☐ 時間を計り、話す速度を調整する。

☐ 「スライドとノート」のスライドの部分だけを見ながら、英語がスムーズに出てくるようになるまで練習する。

☐ PHYSICAL MESSAGE を意識して、仕上げる。

Step 4 GIVING A PRESENTATION

プロジェクトの発表を行います。直前の準備と確認、プレゼンテーション、そして、プレゼンテーションの自己評価をしましょう。

❶ MAKE LAST-MINUTE PREPARATIONS

以下をプレゼンテーションの事前に、準備、または、確認しましょう。

☐ 配布資料（　　部）
☐ 発表の順番（　　番目）
☐ 機材：PC（音）、スクリーンの位置、マイク、ポインターなど
☐ 立ち位置

❷ GIVE A PRESENTATION

グループの全員が時間内に発表できるように、しっかりと時間管理をしましょう。

❸ GET FEEDBACK

発表直後、次のグループが準備をしている間に、先生やクラスメートからコメントをもらいましょう。

❹ EVALUATE YOUR PERFORMANCE

「プレゼンテーション点検・評価シート」で、自己評価してみましょう。

点検・評価　項目	評　価	コ　メ　ン　ト
SPEECH MESSAGE	1　2　3　4　5	
1) Plain English	1　2　3　4　5	
2) Rhetorical Questions	1　2　3　4　5	
3) Logical	1　2　3　4　5	
4) Interesting (Funny)	1　2　3　4　5	
VISUAL MESSAGE (Slides)	1　2　3　4　5	
1) Key Words / Numbers	1　2　3　4　5	
2) Enumeration	1　2　3　4　5	
3) Images (Photos, Illustrations)	1　2　3　4　5	
4) Charts / Graphs	1　2　3　4　5	

Project 5

PHYSICAL MESSAGE	1 2 3 4 5	
1) Voice Inflection	1 2 3 4 5	
2) Eye Contact	1 2 3 4 5	
3) Hands (Pointer)	1 2 3 4 5	
4) Posture	1 2 3 4 5	

HOMEWORK

Project 6: Talking about Your Future Plans の事前準備をしてください。

☐ 自分の将来（特に仕事）について考える。

☐ その仕事に関するデータを探す。

☐ データに基づいた具体的な将来の計画を考える。

☐ サンプル・プレゼンテーションをビデオ映像で見る。

TALKING ABOUT YOUR FUTURE PLANS

将来の計画について話す

自分の将来について、ごく親しい友人に話すことはあっても、人前で発表する機会はあまりないでしょう。また、周りの友人たちがどのような夢を持っているのかも興味深いところです。Project 6 では、自分の将来を互いに伝え合うプレゼンテーションを行い、将来の展望を述べる技術を身につけます。

学習事項

ENGLISH SKILLS

- 自分の将来について英語で発表ができる。
- 自分の将来についてリサーチを英語で行うことができる。
- 「職業」を説明する語彙、表現に慣れる。
- データに基づいたトークが英語でできる。
- 質疑応答を英語で行うことができる。

PRESENTATION SKILLS

- 個人でプレゼンテーションの準備と発表ができる（2回目）。
- リサーチ（データ）に基づいた発表ができる。
- データ（グラフ）をスライドに表現できる。
- 展開・時間管理を個人で行うことができる。
- 質疑応答を行うことができる。

ORGANIZING & WRITING YOUR SPEECH

プロジェクト "TALKING ABOUT YOUR FUTURE PLANS" の内容と準備の要領を理解し、それに基づいて第1回目の準備を行います。

プロジェクト "TALKING ABOUT YOUR FUTURE PLANS"

以下の内容と要領で準備し、プレゼンテーションを行います。

PROJECT 6: TALKING ABOUT YOUR FUTURE PLANS

設定： 学生の国際交流会
目的： 自分の将来について
    1）具体的な計画を述べる
    2）データに基づいた説明をする
    3）実現するために今できることを語る
形態： 個人
時間： 4分
準備： 3回の授業とHOMEWORKで準備する
    Step 1：サンプルを見る、内容構成を考える、語彙・表現を学ぶ、
        原稿を書く
    Step 2：原稿を点検する、スライドを作る（グラフ）
    Step 3：配布資料を作る、リハーサルを行う、質疑応答の練習をする

---

❶ LEARN FROM THE SAMPLE VIDEO

サンプル・ビデオを見ながら内容について次の欄にメモを取り、自分の将来について述べるプレゼンテーションの構成や発表の要領を学びましょう。

INTRODUCTION	
POINT 1	
POINT 2	
POINT 3	
GENERAL IMPRESSION	

❷ LEARN FROM THE SAMPLE SCRIPT

サンプル・プレゼンテーションのスクリプトを読みながら、使えそうな語彙・表現に印をつけ、自己の原稿作成のヒントにしましょう。

1

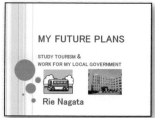

****

Hello, everyone. I'm Rie Nagata.
Do you ever ask yourself why you are studying at university or what you are going to do in the future? For the first time since I entered the university, I recently took time and thought about them quite seriously. Then, I came up with this idea: Study Tourism & Work for My Local Government.

2

****

In my presentation, I'll tell you what I'm planning to do while at university, first. Then, I'm going to talk about the work I want to do. And finally, I'll talk a bit about my future family.

3

First, about the things I want to do at university. There are many things I want to do, but I'm going to work especially hard on these two things:
1) The study of tourism and …
2) The study of languages.

4

When I was in the third year of high school, I decided which university I wanted to go to. And without thinking much, I chose tourism as my major. This thoughtless choice fortunately wasn't wrong. Now I'm thinking of working for my local government so the study of tourism will directly help me. I'll give it top priority and learn about it as much as possible before I graduate.

5

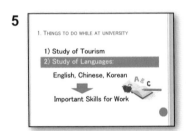

The second thing I want to do is to learn languages: English, Chinese, and Korean. These language skills will be important when I work, too. You'll see the reason later. Now, you want to know what I'm thinking of doing after university, right?

6

Look! This is the place: the Saitama prefectural government. To be more specific, I'd like to work in its tourism section — the section to promote local sightseeing. I was born and brought up in Saitama, so I love it so much. I'd like to work for the government and contribute to the development of my own community. "How do you contribute?" you may ask.

7

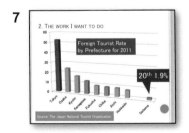

Look at the graph. This bar graph shows the percentages of foreign tourists who visited each prefecture in 2011. The red bar indicates the rate for Tokyo. It's just over 50 percent, which means about half of all the foreign tourists who came to Japan in the year visited Tokyo. Osaka ranks second, and Kyoto third, followed by Kanagawa, Fukuoka, Chiba, Aichi, Hokkaido … and in 20th place is Saitama. It only had 1.9 percent of the total number!

8

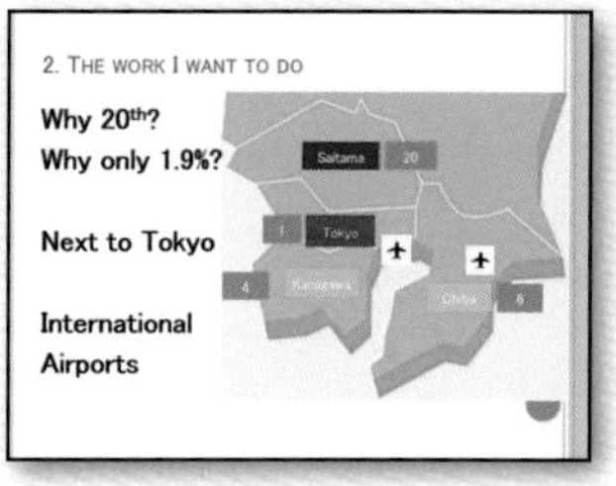

Why 20th? Why only 1.9 percent? Saitama is located next to Tokyo. So, you would assume it could attract more visitors. Look at Kanagawa and Chiba. They are in 4th and 6th place respectively. Likewise, Saitama is near the two major international airports, Narita and Haneda. In spite of these good conditions, Saitama can't bring in many tourists from abroad. Why not?

9

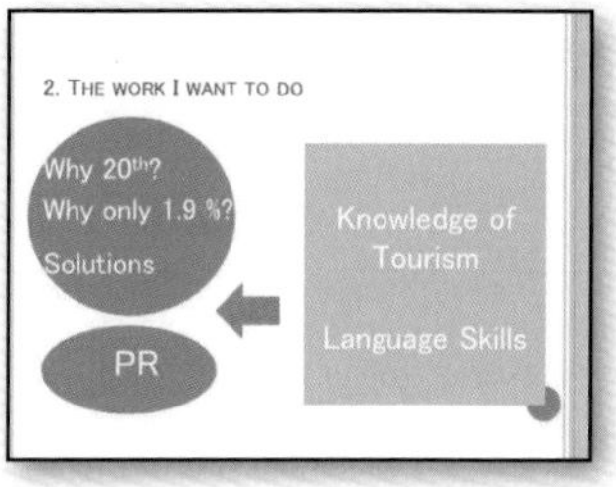

If I'm employed, I'd like to work on these problems, find answers to these WHY's and work out solutions. PR activities are important, too. I will be of big help if I have a good knowledge of tourism and have language skills.

10

If you look at the graph, you'll see why I said I would study these three languages. The graph shows the numbers of foreign tourists to Japan by country and region. You can see the largest number of tourists come from Korea, followed by Taiwan, China, and Hong Kong. Korean people speak Korean, and these people over here speak Chinese. If you can use these languages in addition to English, it'll be a great advantage. The work probably will not be easy and I'll be tired. Then, I will need a place to relax …

11

… my home, my family. I want to get married at around 25. It's a little earlier than the average, but not too early for me. I'm thinking of getting back to work a year after I have a child. Of course, I'll do my best to be a good wife and mother at home. Oh, I forgot one important thing — I can't cook! I'll have to learn it, too!

12

In conclusion, there's a saying "Easy to say, hard to do." I'll try hard to bring all these plans to reality. Thank you.

❸ PLAN THE PROJECT

サンプル・プレゼンテーションを参考に、ブレーンストーミングをし、Talking about Your Future Plans のプレゼンテーションの構想を練りましょう。

☐ 項目を2〜4つ決め、下の表に記入する。

☐ それぞれの項目の要点を決め、下の表に記入する。

☐ データを使う個所も記入する。

サンプル・プレゼンテーション

	項目	要点
POINT 1	在学中やりたいこと	観光学（専門）を学ぶ 語学（英語、中国語、韓国語）を学ぶ
POINT 2	やりたい仕事	埼玉県庁観光課で働く 訪日観光客を増やす（データ）
POINT 3	将来の家族	25歳くらいに結婚 子供1人

あなたのプレゼンテーション

	項目	要点
POINT 1		
POINT 2		
POINT 3		
POINT 4		

❹ LEARN THE LANGUAGE

サンプル・プレゼンテーションからの語彙・表現を自己の原稿作成に活用しましょう（カッコ内の数字は、その表現が使われているブロックの番号）。

1	<u>Do you ever</u> ask yourself why you are studying at university...?　(1)	Do you ever ...?（... することはありますか）は、行為の有無を強調して尋ねる表現。問い掛けに使えます。
2	... what you <u>are going to</u> do in the future? (1) I'll tell you what I'<u>m planning</u> to do...　(2) I'<u>m thinking of</u> working for...　(4)	計画や予定を述べる表現です。be going to ...（... する予定です）が最も一般的。be planning to ...（... しようと計画しています）や、be thinking of ～ ing（～しようと考えている）も使ってください。
3	There are many things I want to do...　(3) ...all the foreign tourists <u>who</u> came to Japan in the year...　(7)	many things (that) I want to do（やりたい多くのこと）、all the foreign tourists who came to Japan in the year（その年に日本を訪れたすべての外国人観光客）のように関係代名詞も積極的に使いましょう。
4	... before I graduate.　(4) ... after university...　(5)	時期の表現。before I graduate（卒業する前に）、after university（大学の後に）
5	I'd like to <u>work for</u> the government...　(6) I'd like to <u>work in</u> its tourism section...　(6)	「～で働く」という表現。work for ... の後に会社や組織を言います。部署などを言うときは work in ... がよいでしょう。
6	Look at the graph.　(7) This bar graph <u>shows</u>...　(7) The red bar <u>indicates</u> the rate for Tokyo. (7) If you look at the graph, you'll see...　(10)	グラフを説明する表現。Look at the graph.（グラフをご覧ください）。「... を表しています」には show や indicate。If you look at the graph, you'll see ...（グラフをご覧になると、... がわかります）
7	I'd like to <u>work on</u> these problems,...　(9)	work on ... で「... に取り組む」
8	The work <u>probably</u> will not be easy...　(10)	はっきりしないときの表現。probably（おそらく）。maybe/perhaps も「たぶん／ひょっとすると」（30~50％程度の確信度）。probably のほうが確信度は高い。
9	I want to <u>get married at around 25</u>.　(11)	get married（結婚する）、at 25（25歳で）、around は「... くらい」。
10	I'll try hard to <u>bring all these plans to reality</u>. (12)	bring △ to reality で「△を実現する」。realize △としても同じ。

Project 6

「未来」のいろいろな表現

1. I work tomorrow.　～します
2. I will work tomorrow.　～する（でしょう）
3. I am going to work tomorrow.　～する予定（計画）です
4. I am working tomorrow.　～することになっています
5. I will be working tomorrow.　～することになるでしょう
6. I am going to be working tomorrow.　予定で～することになっています

英語で「未来」を表現するには、上記のような6つのタイプがあります。それぞれに上の訳で示したようなニュアンスがあります。少し説明を加えます。

1. 単刀直入に「～します」という言い方。述部（動詞の部分）は「現在」と同じですが、tomorrow などの副詞が加わり「未来」の表現になります。
2. will（意思、予測）は「～する（でしょう）」という言い方。
3. be going to ～は「～する予定（計画）です」と「予定・計画」を述べる表現。文字通りに訳せば「～する方向に向かって動いています」。
4. be ～ ing は「～することになっています」という言い方。形は現在進行形と同じですが、tomorrow などの副詞が加わり「未来」の表現になります。
5. will be ～ ing は「～することになるでしょう」という表現。2と4を足し算したものです。
6. be going to be ～ ing は「予定で～することになっています」という表現。3と4を足し算したものです。

とりあえずは、2と3の使い分けをしっかりやりましょう。その他は、読んだり聞いたりしたときに、違いが感じ取れればよいでしょう。

❺ WRITE YOUR SPEECH

☐ 原稿の語数を決める

項目	時間（秒数）	語数
INTRODUCTION		
POINT 1		
POINT 2		
POINT 3		
POINT 4		
CONCLUSION		

語数：2 - 2.5 words/ 秒

2 words/ 秒：　ゆっくり派
2.5 words/ 秒：内容充実派

・ 4分（240秒）をそれぞれの項目に割り振る（秒数）。
・ それぞれの項目に割り振られた秒数から語数を算出する。

☐ 原稿を書く（Word で）

サンプル・プレゼンテーションの The Work I Want to Do（ブロック 6）を参考に、プランの内容を時系列に並べたり、展開しやすい流れを意識しながら、原稿を作成しましょう。

第1段階：項目（トピック）→ 要点（キーワード）

> やりたい仕事 → ① 埼玉県庁　② 観光課　③ 理由：埼玉生まれ

第2段階：要点（キーワード）＋α→ キー英文
キーワードの周辺に語句を加えてキーとなる英文を作る

> ① 埼玉県庁 → This is the place: **the Saitama prefectural government**.
> ② 観光課 → I'd like to work in its **tourism section**.
> ③ 理由：埼玉生まれ → **I was born** and brought up **in Saitama**, so I love it so much.

第3段階：キー英文 ＋α → パラグラフ
キーとなる英文の周辺に文を加えてパラグラフにする

> Look! **This is the place: the Saitama prefectural government**. To be more specific, **I'd like to work in its tourism section** — the section to promote local sightseeing. **I was born and brought up in Saitama, so I love it so much**. I'd like to work for the government and contribute to the development of my own community.

HOMEWORK

☐ 原稿をひと通り書き上げる（原稿の最後に語数を記す）。
☐ スライド作成のための写真やイラストなどを探す。

Column Column Column Column Column

原稿の暗記が苦手な人こそ・・・

話し手が原稿を何度も見るようなプレゼンテーションと、まったく見ないプレゼンテーションとでは、聴衆が受け取る印象は異なります。原稿を暗記することは容易なことではありません。しかし、より効率的に覚える方法はあります。一説によると、人間は覚えたことの半分以上を 3 時間で忘れてしまうそうですが、48 時間覚えていることに成功したものは記憶として定着しやすいとのことです(エビングハウスの忘却曲線)。つまり、一度覚えたことを翌日に再度復習するなどして、2 日間かけると効率よく暗記できるということです。ぜひ試してみてください。

CHECKING YOUR DRAFT & MAKING SLIDES

プロジェクトの第 2 回目の準備を行います。原稿を点検し、スライドを作成します。

❶ CHECK YOUR DRAFT

☐ 原稿の量（語数）の点検：「2 ～ 2.5 words/ 秒」になっているか。

☐ 「未来（計画）」の表現はうまくできているか。

☐ グラフ（データ）はうまく説明されているか。

☐ 「プレゼンテーション点検・評価シート」で SPEECH MESSAGE を点検する。

点検・評価　項目	評　価	コ　メ　ン　ト
1. SPEECH MESSAGE	1　2　3　4　5	
1) Plain English	1　2　3　4　5	
2) Rhetorical Questions	1　2　3　4　5	
3) Logical	1　2　3　4　5	
4) Interesting (Funny)	1　2　3　4　5	
2. VISUAL MESSAGE (Slides)	1　2　3　4　5	
1) Key Words / Numbers	1　2　3　4　5	
2) Enumeration	1　2　3　4　5	
3) Images (Photos, Illustrations)	1　2　3　4　5	
4) Charts / Graphs	1　2　3　4　5	
3. PHYSICAL MESSAGE	1　2　3　4　5	
1) Voice Inflection	1　2　3　4　5	
2) Eye Contact	1　2　3　4　5	
3) Hands (Pointer)	1　2　3　4　5	
4) Posture	1　2　3　4　5	

Point

今回の SPEECH MESSAGE のポイント：論理的・楽しさ

☐ Logical: データに基づいた内容になっているか。

☐ Interesting (Funny): 聞き手にとって興味のある（おもしろい）内容になっているか。

❷ MAKE SLIDES

☐ スライドの構成

原稿と照らし合わせながら、プレゼンテーション全体のスライド構成を決める。

> **スライドの枚数**
> **1枚 / 15～30秒**

目安として15～30秒に1枚。枚数が少なければ、話し手、聞き手の双方にVISUALのヒントが少なくなり、枚数が多ければヒントも多くなる。

サンプル・プレゼンテーションの例（240秒 → 12枚）

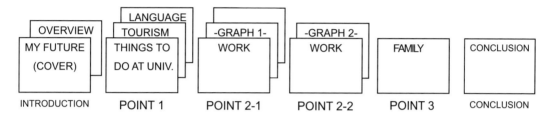

☐ 今回の工夫、および、注意点を確認する。

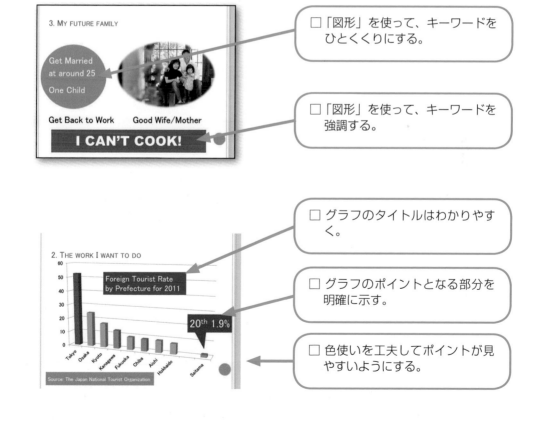

☐「図形」を使って、キーワードをひとくくりにする。

☐「図形」を使って、キーワードを強調する。

☐ グラフのタイトルはわかりやすく。

☐ グラフのポイントとなる部分を明確に示す。

☐ 色使いを工夫してポイントが見やすいようにする。

■ グラフツール

データがより伝わりやすいグラフをデザインします。

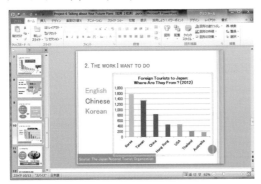

スライド上のグラフを選択（クリック）すると、［グラフツール］が表示されます。［デザイン］［レイアウト］［書式］のタブで、グラフ編集用のリボンを利用することができます。

デザイン： グラフの種類、おおよそのレイアウト、元データといった「グラフ全体」のイメージを決めることができる

レイアウト：タイトル、軸ラベルのようなオプションの追加・削除が行える

書式：グラフ内のバーや文字の色など、見栄えに関する設定が行える

❸ REVISE YOUR DRAFT

スライド作成によって生じた原稿の追加や削除、書き換えを適宜行いましょう。今回のプロジェクトでは特に以下の点に注意してください。

☐ 1枚のスライドに対して原稿が多すぎないか。

□ スライドを完成させる。
□ BGM 用の音楽を準備する（Opening や Ending、その他用）。
　ネットで探す場合の検索キーワード：「音楽」、「ファイル」、「mp3」、「無料」

Column Column Column Column Column

「PC が動かない」に備えて

PowerPoint のようなコンピュータ・ソフトは便利ですが、ときに、発表の会場で「PC が動かない」、「ソフトが作動しない」といったアクシデントも起こります。このような事態に備え、スライドのハードコピーを準備して持参するとよいでしょう。会場に書画カメラがあれば、これにスライドのコピーを映して、PC を使うときとほぼ同じような状態でプレゼンテーションを行うことができます。また、配布資料にもスライドをプリントしたもの（p.34 参照）を含めておくとよいでしょう。PC が動かず、かつ、書画カメラがない場合でも、同じスライドを見ながら話を進めることができます。PC は便利ですが、万一に備えることも忘れずに。

Step 3 GETTING THINGS DONE & REHEARSING

プロジェクトの第3回目の準備を行います。スライドを点検し、リハーサルを行います。その後、質疑応答の練習をしましょう。

❶ CHECK YOUR SLIDES

各自のスライドを以下の要領で点検しましょう。

☐ スライドの枚数は少なくないか（15～30秒に1枚）。

☐ スライド上の文字は多くないか。

☐ 文字は見えにくくないか（フォントサイズ：32以上）。

☐ 「プレゼンテーション点検・評価シート」でVISUAL MESSAGEを点検する。

点検・評価 項目	評 価	コ メ ン ト
1. SPEECH MESSAGE	1 2 3 4 5	
1) Plain English	1 2 3 4 5	
2) Rhetorical Questions	1 2 3 4 5	
3) Logical	1 2 3 4 5	
4) Interesting (Funny)	1 2 3 4 5	
2. VISUAL MESSAGE (Slides)	1 2 3 4 5	
1) Key Words / Numbers	1 2 3 4 5	
2) Enumeration	1 2 3 4 5	
3) Images (Photos, Illustrations)	1 2 3 4 5	
4) Charts / Graphs	1 2 3 4 5	
3. PHYSICAL MESSAGE	1 2 3 4 5	
1) Voice Inflection	1 2 3 4 5	
2) Eye Contact	1 2 3 4 5	
3) Hands (Pointer)	1 2 3 4 5	
4) Posture	1 2 3 4 5	

Point

今回の VISUAL MESSAGE のポイント：グラフ（データ）

☐ Charts / Graphs：データの意味が伝わりやすいグラフになっているか。

❷ MAKE A HANDOUT

今回は PowerPoint の印刷機能で配布資料を作成します。

※ PowerPoint の操作（p.34 参照）

❸ ADD MUSIC

Opening や Ending、その他に音楽を入れましょう。

※ PowerPoint の操作（p.60 参照）

❹ REHEARSE

以下の要領でリハーサルを行いましょう。

☐ 「スライドとノート」を印刷する（p.35 参照）。

☐ 印刷された「スライドとノート」を見ながら発表の練習をする。

☐ 時間を計って、話すスピードを調整する。

☐ 原稿を見ながらも「プレゼンテーション点検・評価シート」の PHYSICAL MESSAGE を意識して行う。

点検・評価　項目	評　価	コ　メ　ン　ト
1. SPEECH MESSAGE	1　2　3　4　5	
1) Plain English	1　2　3　4　5	
2) Rhetorical Questions	1　2　3　4　5	
3) Logical	1　2　3　4　5	
4) Interesting (Funny)	1　2　3　4　5	
2. VISUAL MESSAGE (Slides)	1　2　3　4　5	
1) Key Words / Numbers	1　2　3　4　5	
2) Enumeration	1　2　3　4　5	
3) Images (Photos, Illustrations)	1　2　3　4　5	
4) Charts / Graphs	1　2　3　4　5	
3. PHYSICAL MESSAGE	1　2　3　4　5	
1) Voice Inflection	1　2　3　4　5	
2) Eye Contact	1　2　3　4　5	
3) Hands (Pointer)	1　2　3　4　5	
4) Posture	1　2　3　4　5	

❺ PRACTICE QUESTIONS & ANSWERS

質疑応答の方法

□ まずは以下の①～③の質疑応答の流れと表現を確認しましょう。

① プレゼンターはプレゼンテーションの最初（OVERVIEW の後）に、質問をいつ受けるかについて述べる。

If you have any questions, …
A) please hold them until the end of my presentation.
B) feel free to ask at any time during my presentation.

スムーズに進めたい時には A の方式を採用する。

② プレゼンテーションの後に質問を受ける：上記 A の方式で

Do you have any questions? Yes, Mr/Ms. Go ahead.

1) 質問がよく聞き取れなかった場合
   Excuse me, could you repeat that?

2) 質問の内容がよくわからない場合
   So you are asking w/h …. Is that right?
   OK, you want to know …. Is that correct?

3) 答えるまでの間を取る
   That's a good question.
   Well, let me see … / Well, let me think about that for a minute.

4) 質問の答えになったか確認する
   Does that answer your question?

5) 答えを先送りする場合
   If you don't mind, I'd like to answer that question later.
   I will answer your question in a couple of days, if it is OK with you.

6) 自分に代わる回答者を指名する場合
   I'm afraid I'm not the right person for that question.
   Mr/Ms. … will answer your question.

③ 質疑応答を終える

Any other questions? No? … If not, I'd like to end my presentation.
Thank you very much.

□ ペアを作り、質疑応答の練習をしましょう。左ページの①～③のうち基本表現のみを抽出して下のような流れを作りました。まずはこの形式で練習しましょう。

P = presenter / **Q** = questioner

P: Do you have any questions?

Q: （挙手する）

P: Yes, Mr/Ms. Go ahead.

Q: （質問する）

P: That's a good question… （質問に答える）Does that answer your question?

Q: Yes, thank you.

P: Any other questions? No? … If not, I'd like to end my presentation. Thank you very much.

> **ヒント**
>
> P が予め予想される質問をいくつか作っておき、それを書いた紙を Q に渡して質問をしてもらいます。これを何度か繰り返すように練習すると質疑応答のやりとりに慣れます。また、この想定問答により、実際のプレゼンテーションの質疑応答にも準備できます。

HOMEWORK

□ 「スライドとノート」を持ち歩きながら、1週間で自分のことばにする。

□ 時間を計り、話す速度を調整する。

□ 「スライドとノート」のスライドの部分だけを見ながら、英語がスムーズに出てくるようになるまで練習する。

□ PHYSICAL MESSAGE を意識して、仕上げる。

□ 想定問答を行い、質疑応答に備える。

Project 6

Step 4 GIVING A PRESENTATION

プロジェクトの発表を行います。直前の準備と確認、プレゼンテーション、そして、プレゼンテーションの自己評価をしましょう。

❶ MAKE LAST-MINUTE PREPARATIONS

以下をプレゼンテーションの事前に、準備、または、確認しましょう。

☐ 配布資料（　　　部）
☐ 発表の順番（　　　番目）
☐ 機材：PC（音）、スクリーンの位置、マイク、ポインターなど
☐ 立ち位置

❷ GIVE A PRESENTATION

残さず発表できるように、タイムキーパーの「残り30秒」を見逃さないように。

30

タイムキーパー用に秒きざみでカウントダウンできる時計（キッチンタイマーでOK）と左のようなフリップ・カードを準備する。タイムキーパーは残り時間30秒になったときに、フリップ・カードを10秒間発表者に示す。

❸ GET FEEDBACK

発表直後、次の発表者が準備をしている間に、先生やクラスメートからコメントをもらいましょう。

❹ EVALUATE YOUR PERFORMANCE

「プレゼンテーション点検・評価シート」で、自己評価してみましょう。

点検・評価　項目	評　　価	コ　メ　ン　ト
SPEECH MESSAGE	1 2 3 4 5	
1) Plain English	1 2 3 4 5	
2) Rhetorical Questions	1 2 3 4 5	
3) Logical	1 2 3 4 5	
4) Interesting (Funny)	1 2 3 4 5	

VISUAL MESSAGE (Slides)	1 2 3 4 5	
1) Key Words / Numbers	1 2 3 4 5	
2) Enumeration	1 2 3 4 5	
3) Images (Photos, Illustrations)	1 2 3 4 5	
4) Charts / Graphs	1 2 3 4 5	
PHYSICAL MESSAGE	1 2 3 4 5	
1) Voice Inflection	1 2 3 4 5	
2) Eye Contact	1 2 3 4 5	
3) Hands (Pointer)	1 2 3 4 5	
4) Posture	1 2 3 4 5	

クラス用 DVD 有り（非売品）

Presentations to Go [Text Only]
— Building Presentation Skills for Your Future Career
DVD で学ぶ　はじめての英語プレゼンテーション

2014 年 1 月 20 日　初版発行
2024 年 1 月 20 日　Text Only 版第 1 刷

著者　　　　松岡昇　立野貴之　三宅ひろ子
発行　　　　センゲージ ラーニング株式会社
　　　　　　〒 102-0073　東京都千代田区九段北 1-11-11 第 2 フナトビル 5 階
　　　　　　電話　03-3511-4392
　　　　　　FAX　03-3511-4391
　　　　　　e-mail: eltjapan@cengage.com

　　　　　　株式会社 アスク出版
　　　　　　〒 162-8558　東京都新宿区下宮比町 2-6

制作　　　　株式会社 アスク出版

装丁　　　　株式会社 アスク出版 デザイン部
本文デザイン　Office haru
印刷・製本　　株式会社　廣済堂

ISBN 978-4-86312-410-3